指尖精粹
法国新闻与传播学辑要译丛
主编 刘 昶

Critique de
la société de   信息社会批判
l'information

［法］让-保罗·拉弗朗斯 等 著

尹明明 译

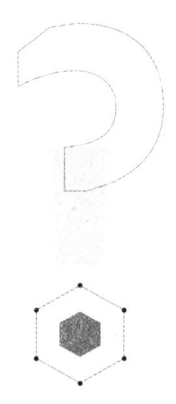

中国传媒大学出版社
·北京·

图书在版编目(CIP)数据

信息社会批判/(法)让-保罗·拉弗朗斯等著;尹明明译.--北京:中国传媒大学出版社,2022.11
(指尖精粹:法国新闻与传播学辑要译丛/刘昶主编)
ISBN 978-7-5657-3352-9

Ⅰ.①信… Ⅱ.①让…②尹… Ⅲ.①传播学－研究 Ⅳ.①G206

中国版本图书馆 CIP 数据核字(2022)第 220053 号

Critique de la société de l'information, sous la direction de Jean-Paul Lafrance
© CNRS éditions, pour la version française, 2010
ISBN:978-2-271-06922-1
《信息社会批判》,让-保罗·拉弗朗斯等著,©CNRS出版社,法文版,2010年。
本书简体中文版专有出版权由 CNRS 出版社授予中国传媒大学出版社,在全球销售。未经出版者书面许可,不得以任何形式抄袭、复制或节录本书中的任何部分。
北京市版权局著作权合同登记图字:01-2021-4314

信息社会批判
XINXI SHEHUI PIPAN

著　　者	[法]让-保罗·拉弗朗斯　等	
译　　者	尹明明	
策划编辑	陈　默	
责任编辑	陈　默	
封面设计	风得信设计·阿东	
责任印制	李志鹏	

出版发行	中國傳媒大學出版社	
社　　址	北京市朝阳区定福庄东街1号	
邮　　编	100024	
电　　话	86-10-65450528　65450532	
传　　真	65779405	
网　　址	http://cucp.cuc.edu.cn	
经　　销	全国新华书店	
印　　刷	北京中科印刷有限公司	
开　　本	850mm×1168mm　1/32	
印　　张	5.5	
字　　数	89千字	
版　　次	2022年11月第1版	
印　　次	2022年11月第1次印刷	
书　　号	ISBN 978-7-5657-3352-9/G·3352	
定　　价	36.00元	

本社法律顾问:北京嘉润律师事务所　郭建平

译丛主编序言

本译丛出版选题由来

"指尖精粹·法国新闻与传播学辑要译丛"所选书目全部出自著名传播学大家、法国国家科研中心（CNRS）传播研究分院（ISCC）院长多米尼克·吴尔敦主编的"赫尔墨斯精粹辑要"系列（LES ESSENTIELS D'HERMÈS）。

在代表法兰西科学研究最高水平的学术机构——法国国家科研中心的框架内，其传播分院所有围绕新闻与传播学展开的科研——无论是传统性的思考或是前沿性的探索，都始终围绕"认知·传播·政治"（Cognition·Communication·Politique）的主轴，而各项研究成果的集大成者便是以古希腊神话中的众神使者赫尔墨斯来命名的学术期刊。这本具有国际一流水准的科研出版物每辑按不同主题成集（各辑主题目录详见附二）。

《赫尔墨斯》（HERMÈS）每年出版三辑左右，自1988年创刊至今已有近90辑问世（其中，与中国有关的分别为第55辑《公民团体与中国及东亚的互联网》和第79辑《金砖国家：被忽视的空间》，笔者作为该学术期刊的国际编委，忝居此两辑的联合主编之列），总共约请了世界各地近2000位国际学术权威为其撰稿，可谓学术硕果累累。而后，编辑部又将原先各辑学术论文中较为接近的主题重新选编修订成册，以袖珍本（口袋书）的形式出版，使得学术选题逻辑从原先的纵向性变成了而今的横向性，从而形成了一套新的主题系列——"赫尔墨斯精粹辑要"（丛书目录详见附一），读者手中的译作即选自这套丛书。

关于法国新闻与传播学的研究特色

法国的新闻传播的实践与研究自成风格。

不同于美国等西方其他国家的传媒体制，法国的主流媒体常常处于一种悖论境地，即在政治上希望保持独立于政府之外的编辑方针,而在财政上又因囊中羞涩不得不依赖于政府的相关补贴。名列全球四大通讯社的法新社,即为例证:作为半官方的新闻通讯社,法新社在法理层面自诩"独立而不受任何政治、商业或意识形态的影响",但实际上,其社长一直由政府任命,运营则由非公有性的董事会负责。

在日常的新闻传播实践维度,法式新闻报道风格也有别于英美同行,这或许是新闻价值判断及历史文化差异性所致。法国的调查性新闻报道既无可比肩大西洋彼岸媒体的深刻犀利,又每每着意规避个人隐私。例如,"水门事件"之类的报道及其后果在法国是难以想象的;而对于曾在美国极为轰动的总统与白宫实习生的绯闻,法国传媒界的反应似乎是见怪不怪、不足为奇。

上述传媒制度和报道风格投射到研究领域,自然会产生别样的学理思考,演绎出对新闻传播事业、产业、职业等的强烈怀疑,甚至引发对新闻传播实践中记者的权力、报道的独立性以及媒体的公信力的批判性质疑,相关的学术研究希冀能为所有这些疑问提供科学的答案。

在法国,除高校相关院系日常开展的新闻与

传播学教研工作之外，还有一些专门的学术机构、智库等也在从事新闻传播方面的研究，其中成果最成规模、贡献最为突出的是法国国家科研中心（相当于中国科学院与中国社会科学院的合体）下属的传播研究分院，该研究机构拥有一批享有国际声誉的学者，其学术研究依循五大路径展开：一是语言与传播（Language and Communication），二是政治传播、公共空间与社会（Political Communication, Public Space and Society），三是全球化与文化多样性（Globalization and Cultural Diversity），四是科技信息（Scientific and Technical Information），五是科学、技术与社会（Sciences, Technologies and Societies）。

显而易见，法国的新闻与传播学的研究范畴更为宽泛，从传统意义上的政治修辞/政治营销、斡旋调停、媒介、受众、仪式、刻板印象、知识生产、心理认知、话语权力、无法传播/传通现象，到经济、科学、体育、音乐与传媒等研究，再到近年来对文化多样性、互联网政治、死亡的物质性/非物质性、全球化、地缘政治、国际关系、健康/环境/城市传播、情报工作、安全政策、数字身份、可追溯性、数据治理、跨学科、网络游戏、算法与公共决策等前沿话题的关注,法国学界的研究旨趣由此一目了然。

在学术观念上,法国新闻与传播学界内部形成了两个最基本的共识,即"没有他者,就没有传播"以及"信息不等于传播"。在法国学者看来,信息是资讯,而传播的本质则在于关系,是关乎21世纪和平或战争的博弈。基于这一认识维度,法国学者进而认为,21世纪的技术革命不是信息革命,而是传播革命,即关系的革命。因为时代问题的关键并不在于如何通过复杂的高新技术分发信息,而是取决于成千上万的用户接受或拒绝信息的条件。著名学者多米尼克·吴尔敦甚至表示:"信息与他者的现实背道而驰。我们曾一直梦想着地球村,而我们重新发现了巴别塔。"

可以说,法国新闻与传播学的研究成果在一定程度上也代表了欧陆相同学术领域研究者们的思想。

简而言之,欧陆新闻与传播学研究与人文社科整体研究的特色较为一致,学术风格带有明显而强烈的批判色彩,与英美人文社科领域日益量化的学术走向迥异。欧陆人文社科学者似乎普遍比较认同"并非所有重要的东西都是可以被量化的,也不是所有能被量化的东西都是重要的"这一理念,故而在其研究方法上较多地偏重哲学思辨性的质化思维而非量化分析的路径。

关于译丛出版的学术愿景

其实,筹划《指尖精粹·法国新闻与传播学辑要译丛》出版的初衷简单而明了:只是为学界同道提供来自所谓"非通用语""小语种"国家的研究文本译介,并为已然拓展的国内新闻与传播学研究视野贡献些许不同于英美学术的新经验。

然而,众所周知,由于商品化经济的严重影响,当下的学术著作出版十分不易,出版界对于市场因素的考量日益加码,对利润的追逐成为难以摆脱的专业梦魇。本译丛的问世亦好事多磨(曾遭遇了原先应允合作的出版方的改弦易辙),所幸最终得益于中国传媒大学廖祥忠校长和中国传媒大学出版社曾白凌社长独到的学术眼光与难能可贵的学术坚持而刊行功成。

一如法谚所云,"结果好就一切都好"。编者真诚地希望《指尖精粹·法国新闻与传播学辑要译丛》的出版能对国内学界相关研究的发展有所助益。

是也为序。

刘昶 谨识

2021年金秋于定福庄

附一:"赫尔墨斯精粹辑要"系列书目(主编:多米尼克·吴尔敦)

(按出版时间由近及远排列)

1.《传播与道路安全》(Communication et sécurité routière)
2.《互联的健康》(Santé connectée)
3.《死亡的(非)物质性》([Im] matérialités de la mort)
4.《猛然一看》(A Vue de nez)
5.《算法与公共决策》(Algorithmes et décisions publiques)
6.《法德之间:无法传通与融合》(France-Allemagne : incommunications et convergences)
7.《政治传播(修订版)》(La communication politique [Nouvelle édition revue et augmentée])
8.《战争、军队与传播》(Guerre, armée et communication)
9.《明天的食物》(L'Alimentation demain)
10.《环境传播》(La communication environnementale)
11.《从别处看郊区》(Banlieues vues d'ailleurs)
12.《漫画与数字技术》(Bande dessinée et numérique)
13.《体育与传播》(Sport et medias)
14.《数字身份》(Identités numériques)
15.《安全政策与数字监控》(Politiques sécuritaires et surveillance numérique)
16.《信息文化》(Cultures de l'information)

17.《城市、建筑与传播》(Ville, architecture et communication)

18.《数字时代的科技信息与传播》(Information et communication scientifiquesà l'heure du numérique)

19.《漫画与社会联系》(Bande dessinée et lien social)

20.《增强的人类》(L'Humain Augmenté)

21.《无法传通》(L'incommunication)

22.《乌托邦》(Les utopies)

23.《知识产权》(Propriété intellectuelle)

24.《文化多样性》(La diversité culturelle)

25.《修辞》(La rhétorique)

26.《网络》(Les réseaux)

27.《艺术与科学》(Art et science)

28.《政治营销》(Le marketing politique)

29.《互联网与政治》(Internet et politique)

30.《传媒与舆论》(Médias et opinion publique)

31.《科学与传媒》(Sciences et médias)

32.《互联网是中立的吗？——基于传播学博弈的思考》(La neutralité de l'internet : un enjeu de communication)

33.《互助经济》(L'économie solidaire)

34.《传播》(La communication)

35.《翻译与全球化》(Traduction et mondialisation)

36.《论证》(L'Argumentation)

37.《传播的全球化》(La mondialisation de la communication)

38.《斡旋》(Médiations)

39.《被遗忘的传播学渊源》(Racines oubliées des

sciences de la communication）

40.《仪式》（Le Rituel）

41.《信息社会批判》（Critique de la société d'information）

42.《文化共处》（La Cohabitation culturelle）

43.《平民与民粹主义》（Populaire et Populisme）

44.《新闻与传播学》（Les sciences de l'information et de la communication）

45.《知识社会》（Sociétés de la connaissance）

46.《接收》（La réception）

47.《电视》（La télévision）

48.《受众》（L'Audience）

49.《新闻行业》（Le journalisme）

50.《全球化时代的集体身份》（Les identités collectives à l'heure de la mondialisation）

51.《舆论》（L'opinion publique）

52.《政治传播》（Communication politique）

53.《法语国家与全球化》（Francophonie et mondialisation）

54.《公共空间》（L'espace public）

附二：《赫尔墨斯》创刊以来各辑主题（主编：多米尼克·吴尔敦）

（按出版时间由近及远排列）

第 87 辑：《博识》（L'érudition），2021

第 86 辑：《音乐与世界》（Autant de musiques, autant de mondes），2020

第 85 辑：《位于知识核心的传播》(La communication au cœur des connaissances)，2019

第 84 辑：《无法传通》(Les incommunications)，2019

第 83 辑：《依然并始终存在的刻板印象》(Les stéréotypes, encore et toujours)，2019

第 82 辑：《传播学研究新声》(Nouvelles voix de la recherche en communication)，2018

第 81 辑：《从传播到外交》(De la communication en diplomatie)，2018

第 80 辑：《非学科 30 年》(30 ans d'indisciplines)，2018

第 79 辑：《金砖国家：被忽视的空间》(Les BRICS, un espace ignoré)，2017

第 78 辑：《位居笔记本和键盘之间的学生》(Les élèves entre cahiers et claviers)，2017

第 77 辑：《欧洲国家之间的无法传通》(Les incommunications européennes)，2017

第 76 辑：《情报工作：开放社会中的封闭世界》(Le renseignement, un monde fermé dans une société ouverte)，2016

第 75 辑：《罗曼语族：10 亿个使用者》(Langues romanes : un milliard de locuteurs)，2016

第 74 辑：《感官之道》(La voie des sens)，2016

第 73 辑：《争论与传播》(Controverses et communication)，2015

第 72 辑：《艺术家：与众不同的研究者》(L'artiste, un chercheur pas comme les autres)，2015

第 71 辑：《被传播俘获的 20 世纪（卷 2）》(Le XXe

siècle saisi par la communication, vol. 2), 2015

第 70 辑:《被传播俘获的 20 世纪(卷 1)》(Le XXe siècle saisi par la communication, vol. 1), 2014

第 69 辑:《性爱》(Sexualités), 2014

第 68 辑:《他者并非数据:他者性、身体与人造物》(L'Autre n'est pas une donnée. Altérités, corps et artefacts), 2014

第 67 辑:《跨学科性:介于学科与无章法之间》(Interdisciplinarité : entre disciplines et indiscipline), 2013

第 66 辑:《归类、思考与控制》(Classer, penser, contrôler), 2013

第 65 辑:《全球化语境中的太平洋世界》(Le monde Pacifique dans la mondialisation), 2013

第 64 辑:《处于专业知识核心地位的研究人员》(Les chercheurs au cœur de l'expertise), 2012

第 63 辑:《墙与边界》(Murs et frontières), 2012

第 62 辑:《视频游戏:当玩耍即传通时》(Les jeux vidéo: quand jouer, c'est communiquer), 2012

第 61 辑:《传播棱镜中的博物馆》(Les musées au prisme de la communication), 2011

第 60 辑:《埃德加·莫兰:冒着自由思想的风险》(Edgar Morin, aux risques d'une pensée libre), 2011

第 59 辑:《所谓社交的数字网络》(Ces réseaux numériques dits sociaux), 2011

第 58 辑:《套话》(Les langues de bois), 2010

第 57 辑:《科学网站:自由进路与开放的科学》(Sciences. com: libre accès et science ouverte), 2010

第 56 辑:《翻译与全球化(卷 2)》(Traduction et

mondialisation，vol. 2）2010

第55辑：《公民团体与中国及东亚的互联网》（Société civile et Internet en Chine et Asie Orientale），2009

第54辑：《漫画：公认的艺术与未知的媒体》（La bande dessinée：art reconnu，média méconnu），2009

第53辑：《可追溯性与网络》（Traçabilité et réseaux），2009

第52辑：《世界上的记忆之战》（Les guerres de mémoires dans le monde），2008

第51辑：《文化多样性的校验》（L'épreuve de la diversité culturelle），2008

第50辑：《传通与创新》（Communiquer-Innover），2008

第49辑：《翻译与全球化（卷1）》（Traduction et mondialisation，vol. 1），2007

第48辑：《被遗忘的传播学渊源》（Racines oubliées des sciences de la communication），2007

第47辑：《公共话语：城邦里的传通》（Paroles publiques，communiquer dans la cité），2007

第46辑：《国际事件与国家视角》（Evénements mondiaux，regards nationaux），2006

第45辑：《知识社会的裂痕》（Fractures dans la société de la connaissance），2006

第44辑：《经济与传播》（Économie et communication），2006

第43辑：《仪式》（Rituels），2006

第42辑：《民众、平民与民粹主义》（Peuple，populaire，populisme），2005

第 41 辑:《社会心理学与传播》(*Psychologie sociale et communication*),2005

第 40 辑:《法语国家与全球化》(*Francophonie et mondialisation*),2004

第 39 辑:《数字理性批判》(*Critique de la raison numérique*),2004

第 38 辑:《新闻与传播学》(*Les sciences de l'information et de la communication*),2004

第 37 辑:《受众:报刊、广电与互联网》(*L'audience. Presse, Radio, Télévision, Internet*),2003

第 36 辑:《经济、互助与民主》(*Économie, solidaire et démocratie*),2003

第 35 辑:《记者还有权力吗?》(*Les journalistes ont-ils encore du pouvoir?*),2003

第 34 辑:《空间:政治博弈》(*L'espace, enjeux politiques*),2002

第 33 辑:《法国与海外:文化博弈(卷 2)》(*La France et les Outre-mers, L'enjeu culturel*, vol. 2),2002

第 32 辑:《法国与海外:文化博弈(卷 1)》(*La France et les Outre-mers, L'enjeu culturel*, vol. 1),2002

第 31 辑:《舆论:盎格鲁-撒克逊的见解》(*L'opinion publique, Perspectives anglo-saxonnes*),2001

第 30 辑:《南北关系中的刻板印象》(*Stéréotypes dans les relations Nord-Sud*),2001

第 29 辑:《嘲笑与争论》(*Dérision-Contestation*),2001

第 28 辑:《拉丁美洲:文化与传播》(*Amérique latine, Cultures et communication*),2000

第 27 辑:《"法国地方民主网站"(卷 2)》(*www.*

démocratie locale. fr，vol. 2），2000

第26辑：《"法国地方民主网站"（卷1）》（www. démocratie locale. fr，vol. 1），2000

第25辑：《设备：介于使用与概念之间》（Le dispositif，Entre usage et concept），1999

第24辑：《欧洲的文化共处（卷2）》（La cohabitation culturelle en Europe，vol. 2），1999

第23辑：《欧洲的文化共处（卷1）》（La cohabitation culturelle en Europe，vol. 1），1999

第22辑：《迷因：模仿、表征与流通》（Mimesis. Imiter，représenter，circuler），1998

第21辑：《科学与传媒》（Sciences et médias），1997

第20辑：《所有的文化习俗都一样？》（Toutes les pratiques culturelles se valent-elles?），1997

第19辑：《民主化道路与绝境》（Voies et impasses de la démocratisation），1996

第18辑：《传播与政治（卷2）》（Communication et politique，vol. 2），1995

第17辑：《传播与政治（卷2）》（Communication et politique，vol. 1），1995

第16辑：《论证与修辞（卷2）》（Argumentation et rhétorique，vol. 2），1995

第15辑：《论证与修辞（卷1）》（Argumentation et rhétorique，vol. 1），1995

第14辑：《图像中的公共空间（卷2）》（Espaces publics en images，vol. 2），1994

第13辑：《图像中的公共空间（卷1）》（Espaces publics en images，vol. 1），1993

第12辑：《寻找公众：接受、电视与传媒（卷2）》

(*A la recherche du public, Réception, télévision, médias*, vol. 2), 1993

第 11 辑：《寻找公众：接受、电视与传媒（卷 1）》 (*A la recherche du public, Réception, télévision, médias*, vol. 1), 1993

第 10 辑：《公共空间、传统与社区》(*Espaces publics, traditions et communautés*), 1992

第 9 辑：《更动中的边界（卷 2）》(*Frontières en mouvement*, vol. 2), 1991

第 8 辑：《更动中的边界（卷 1）》(*Frontières en mouvement*, vol. 1), 1991

第 7 辑：《贝特朗·鲁塞尔：从逻辑到政治》 (*Bertrand Russel, de la logique à la politique*), 1990

第 6 辑：《个人与政治（卷 2）》(*Individus et politique*, vol. 2), 1990

第 5 辑：《个人与政治（卷 1）》(*Individus et politique*, vol. 1), 1990

第 4 辑：《新的公共空间》(*Le nouvel espace public*), 1989

第 3 辑：《普通心理学与认知科学》(*Psychologie ordinaire et sciences cognitives*), 1988

第 2 辑：《大众与政治》(*Masses et politique*), 1988

第 1 辑：《传播中的政治理论》(*Théorie politique en communication*), 1988

丛书中文版总序

传播的政治理论基础

无法避免的他者性问题

1. 在各个国家里、在不同的文化背景下，所有的人都在寻求传播和沟通、寻求各种关系和交流，都在寻找爱情和相互理解。进行传通（communiquer）就是实实在在地生活。人们都在观察那些与自己相像的人、那些自己希望与之相处的人。

2. 可惜的是，我们很快就遇到了无法传通/无法传播（incommunication）的问题，（因为）他者（l'autre）没有如约到位。为了寻找相同，我们发现了不同。各种困难亦随之产生。如何解决呢？通过协商或可找到相同点，这也正是我们花时间在做的事情……我们应该避免无法沟通蜕变为厌烦传播/厌烦传通（acommunication），即蜕变为失败、沉默、死亡。进行传通最常见的做法就是展开协商。进行传通最终意味着为了实现共处需要面对三种体验,即寻求分享、发现无法传通以及进行必要的协商。可能的话,还应避免厌烦传通现象的发生。简而言之,传通活动始终是一种冒险和对赌。如果意识到人们交往中各种表述、偏见、刻板印象等所占的分量,就足以理解相互体谅从来都不是自然而然的,而且多么需要人们的共同努力。

3. 如果说没有信息就没有传通(两者密不可分),传通活动就更复杂了,因为信息就是讯息,就是沟通,就是关系,亦即与他者的关系。由此,一切都复杂化了。人们必须与他者打交道,才会不再孤单。这主要是因为信息和传通越多,接收者的作用就越大。但是说到底,传者、讯息和受者很少在同一水平线上。告知讯息并不等于进行传通/信息不等于传播(Informer n'est pas communiquer)。传通中协商的重要性解释了为什么它只有在民主社会才具有现实可能,因为在那里传通活动的主角们是自由和平等的。传通活动始终意味着民主理念中的一种政治价值——以尊重他者为先决条件,这主要是因为传通总是关联两个维度:一个关乎交换价值的规范性,另一个关乎我们社会必需的功能性。这就是我所说的、总是介于理想和必然之间的"传通活动的双螺旋桨",这解释了传通活动的意义和复杂性。传通活动总是比想象的还要复杂，这就是它不能离开信息而存在的理由。

4. 如果没有接收者的话，也就不可能有传通活动。接收者虽然并不总是理智的——事实上亦是如此，但也不能无视它。接收者是他者性（l'altérité）最重要的象征，是传通困难的核心问题。没有人说接收者必须顾及语境和参差不齐，不过，在民主制度的框架内，相互矛盾的观点、辩论和争议等至少可以共存。因此，接收者是信息和传通必要的补充。

信息很重要，它将政治、体制、服务、知识和关系五大向度融为一体。而传通也同样重要，它关涉主导力、传输力、分享力、表达力和协商力等五种与环境有关的因素。

信息的霸道和传通的过度贬值或是目前存在的两座暗礁？事实上，信息与传通二者是密不可分的，它们创造了自由、人与人之间的平等和思想的解放，它们是 17 世纪到 20 世纪之间发生的裂变的非凡成果。裂变之巨大，使我们对其空前的重要性、其稀有性或脆弱性都无法估量。我们已经太习以为常了，所以再也看不到其代价及品性了。但不管怎么说，这两个概念与同一个历程——身心解放的历程紧密相连、密不可分。无论在个人关系层面还是社会关系层面，信息和传通的政治含义都是显而易见的。

试举一例来说明信息与传通之间各种关系的重要性和复杂性：在以往，信息曾一直是事件、是失和，其中政治性信息是最明显的例子，信息也一直是一种战利品、一种稀有财富；而传通，曾一直是社区和社会的天然联系。但如今，一切都反转了。信息变得无处不在，并成为一种连续的流动，其中最重要的标志就是数据产业的诞生。我们生活在各式各样的信息海洋中。传通反倒变得越来越稀罕和困难。尽管有各种各样的交互技术，但人们之间的相互理解却不再容易了。他者不一定如约而至。信息便利性增加的同时，传通却更加困难了。是啊，如果传通最终也可以像信息一样简单该有多好……

5. 随着合作伙伴之间的交流和平等关系的增多，人类传通固有的困难也在增加。而与电话、广播、电视和数字相关联的技术传通的日益成功正是这些困难增加的原因。技术性传通不像人类传通那样复杂，它速度更快、效率更高，而人类传通总是脆弱和不确定的。技术性传通之所以取得成功，是因为技术更加完善。在处理人类相互理解方面的困难上，技术的交互性功不可没。而理性则是应对社会和文化失序的不二法门。仔细观察这里面的问题可以发现，成功的技术性传通与不可名状的人类传通有着令人惊奇的相似性……在高效技术的背后,往往是人们寻求的人类传通。仅举一例即可明白此理:而今智能手机的技术性能令人难以置信,但每天人们最常被问及的问题却是:"你在哪里?"……

6. 这好歹解释了 GAFA,即谷歌(Google)、苹果(Apple)、脸书(Facebook)和亚马逊(Amazon)以及整个数据产业的成功。面对人际关系方面不可避免的困难,技术性的完美胜利培育了一个可观的市场。再加上技术意识形态的强势:从机器人到人工智能和算法,其间还有以传通自由为标志的网络,而这一切都只关乎"流动性和互动性",还没算上人们对某种"平等而万能的""数字社会"的向往,个中,一切或都将归结于连续性,即便传通活动的前提从来都是间断性和权力平衡。

当前最具紧迫性的挑战是什么呢?我的回答是传通的去技术化,是重新回归大写的人、回归政治和社会。传通的本质是政治性的,因为在大多数时候,传通就是协商。人们可以在还没有进一步了解彼此的情况下增加交流的次数。他者性问题是 21 世纪最大的问题。

从根本上而言,一直存在着两种对立的传通观念:一种是大多数人的、技术性和经济性的传通观念，在他们看来，技术和市场催生了新的社会形态；另一种则是我捍卫的、少数人的传通观念，侧重于人文性和政治性。伴随着这两种传通观念，人们最终形成了对社会的两种看法。

我的见解与表象相反，我不认为技术和数字世界是"增强性民主"的同义词。归根结底，传通活动仍然是一个人文和政治的、非技术和经济的问题。传通活动关乎与世界、与他者的关系。交互性并不是相互理解的同义词。要谨防"互动性孤独"盛行；要小心"非合法化"可能会悄然损害"信息"和"传通"这两个概念，"信息"尤其可能变成"误导性虚假信息"（infox），而"传通"有可能沦为"搞关系"（com）；要留意那些令人生疑的夸张表述，过后它们会成为对民主社会基本价值观的攻击；还要谨防文字失去活力，没有文字，人们就无法思考或行动；（最后）也要提防将互联网（如同所有谈论不足的其他媒体）在专制政治中的民主作用与互联网在民主政治中更具争议性的角色混为一谈。

7. 伴随"信息和网络革命"而来的全球化导致了社会层面和经济层面的新的不平等，但最重要的是它引发了各种文化身份问题。一个开放的世界是不可或缺的，但前提在于保持各自的文化根源和各自的身份。文化再次成为"互动而理性的无疆界社会"的冲突因素之一,它是缓解"现代性"种种冲击的良方。

对这个矛盾的世界的思考,还必须重视信息和传通在诸种知识理论中的作用。离开了传通活动,位于各种知识(信息、文化、交流、认识)正中心的跨学科性和协商就不可能存在,传通对于思考21世纪开放而充满暴力的世界是至关重要的。

8. 这就是我所说的经济世界化(mondialisation)和政治世界化之后的"第三次世界化"。广义上的文化以及各种知识与政治和经济一样是必不可少的。保护各种文化身份以及各种社会差异和认知差异的转向和需要、保护文化与政治之间日益紧密的联系,是没有什么能够阻止的。只要了解当今一些国家为何以及如何重新书写自己的历史,就足以了解文化与政治之间的种种博弈……

他者性和无法传通现象重新回到历史的中心。而当前最大的问题依然在于仇恨他者。21世纪的挑战是如何在一个开放的世界中和平共处,在这个世界里每个人都能看到一切,所有最终加剧了误解和相互不信任的文化差异都是可见的。长期以来等同于自由和身心解放的传通活动,可以反转并被专权和非自由主义政体独占,传通恢复了其作为权力特权的古老传统。这是多么可怕的倾覆……当代各种例证比比皆是。控制论的世界和数字世界并不完全是太平的。

9. 一个"透明和互动"的世界并不比之前的世界更加和平或更容易理解。文化多样性是一种事实，但经常是以激烈的方式让人们接受的。建构既尊重不同的文化身份又尊重共识价值的文化共处，渐次成为无法回避的政治愿景。其重要性何在？在于可以避免割裂和社群主义。而尊重文化多样性的首要条件又是什么呢？是保留由各种合理化和文化控制环绕的语言多样性。这种变化至少与生态变化一样引人注目。

与生态相伴，就必须学会与大自然和动物们共处。而与传通相伴，就必须学会与所有的人、与不同的社会、与文化多样性和他者性共处，但这更复杂、更困难，因为人们说长道短、互不信任，而最常见的还有相互对立。简而言之，与自然和动物们和平相处比与人和平相处要容易得多。否认文化多样性的政治影响也就是否认他者性的价值。

传通与文化多样性究竟是怎么回事？它们是 21 世纪初最关键的政治问题之一，关乎和平还是战争，因为发动战争的不是机器人，而是人和社会。因此，21 世纪最大的问题在于他者。当一切或几近一切分离我们，甚或使我们对立的时候，我们又如何和平共处，如何进行协商呢？

10. 欧洲是无法传通获得成功的首个范例。欧洲人凡事都难以达成一致，什么事情都要反对，然而他们仍然待在一起。无尽的协商能够带来妥协，能够赋能外交和建构共处。在此，我们重新发现了传通中协商的政治定义："当人们无法达成一致的时候，就发明了各种协定。"每天，27个欧盟国家几乎在所有事情上都意见不一，但却能够以民主的方式做出决定，这是一个在其他任何地方都不存在的历史奇迹。为什么欧洲人从不为此感到自豪和高兴？如果欧洲这种"无法传通的胜利"是一种成功经验的话，或可推广到其他大陆。

取得传通第一场胜利的是欧洲吗？所有关乎身份、与他者的关系、疆界、文化多样性、协商、无法传通和共处等的问题，都已被欧盟提出来并正在讨论之中。这一世界上最大的政治、和平与民主的策源地将传通置于政治生活、社会生活以及文化生活的中心。

多米尼克·吴尔敦（Dominique WOLTON）
国际传播学期刊《赫尔墨斯》
暨"赫尔墨斯精粹辑要"系列主编
2021年7月

目 录

概述　信息社会的批判性方法　/001

数字断层：互联网一代的悖论　/025

信息传播技术和新经济：在幻影与奇迹之间　/042

传播：经济分析新理念　/059

公民在博客中所扮演的角色　/077

信息社会的新型工具：社交网络　/088

适应互联网语言全球化的必要性　/098

在线获取知识的工具：规则　/115

传播社会而非信息社会　/134

术　语　/142

概述
信息社会的批判性方法

每当有新的概念流行起来,学者们便会对其展开分析,信息社会这一概念也是如此,研究者们一直在两种意见间犹豫不决:第一种被我们称为技术恐惧者的运动,他们用最黑暗的语言将其描述为坠入地狱的灾难:鲍德里亚(Baudrillard)和马克·纪尧姆(Marc Guillaume)将当前的社会(状况)描述为不能相互沟通和混乱。相反,有几个技术支持者,诸如皮埃尔·利维(Pierre Levy),根据麦克卢汉地球村的预言想象了一个崭新的互联网世界,在那里,公民可以充分发挥他们的创造力,信息可以通过网络自由地流通,人们通过协同合作将一种无与伦比的集体智慧投入实践,以解决(世上)最复杂的难题。

本书采用的是一种更具有思考性和批判性的

态度，尝试建立一种基于经验观察的理性思考。在此基础之上，我们的批判将尝试忠于《赫尔墨斯》期刊中作者的立场，他们通过两次讨论得出了信息社会的结果，这些结果分别发表在第 39 期《数字理性的批判》（2004）和第 45 期《社会中的认知差距》（2006）中。我们重新组合了几篇文章，它们是两份期刊中讨论如下重要议题的文章——数字鸿沟，传播和互联网经济，社交媒体和网络空间，互联网适应文化和语言多样性的必要性。但是在这之前，我们首先要建立起对核心概念的认识。

信息社会的创世纪（提出）

根据莎莉·伯奇（Sally Burch）的说法："我们到底是在经历一个变化的时代还是在经历时代的变化？该如何定义新的信息通信技术的腾飞及其同时引发的深刻变革？这属于工业社会的一个新阶段，还是我们已步入一个新的纪元？"（Ambrosi et al., 2005）

20 世纪 70 年代，美国社会学家和法国社会学家就这一问题展开了激烈辩论,其中的代表人物是丹尼尔·贝尔(Daniel Bell)和阿兰·图赖讷(Alain Touraine)(Bell,1976;Touraine,1969)。根据他们的观点,我们所处的社会正在从工业社会向后工业社会转变,因为从今往后,物质要素(第一要素和机器)将会依附于社会组织中的非物质要素(知识和信息)。不少学者更认同以下这种观点:我们生活在一个新的工业形态中,需要寻找一个更合适的术语来描述这个被传播控制的社会——信息社会。英国人也称其为知识社会、网络社会,联合国教科文组织(Unesco)*更喜欢称其为认知社会(société de la connaissance)*〔Cf. Durampart (dir.),2009〕、知识社会或共享知识社会、智慧型社会。

信息社会的(各种)定义

"信息社会"这一术语一度被视为霸权术语,因为它最初是被发达国家或共同体(美国、欧盟、日本等)和大多数国际组织(UIT*、G7*、世界银行、联合国教科文组织……)采用的,尤其是它重新将绝大多数公共和私人决策者引向了科技中心思想以及新自由主义观点，这种观点认为技术革命才是发展的动力。我们还记得国家信息基础设施（NII）是由克林顿政府于1991年发起的一项大规模计划，由当时的副总统阿尔·戈尔（Al Gore）进行管控，他提倡"要让所有人、每一个公民都能够接入电话系统、电视台和有线网络，图书馆和书店，可远程搜索的数据库和与宽带网络相连的互联网"，可远程搜索的数据库以及与家庭和公共建筑的数字互联宽带网络相连接的互联网，应向所有人开放。这构成了一个巨大的信息市场，是一种"电子城市旅馆"。20世纪70年代末，法国依据 Nora-Minc[①] 报告中对信息社会的描述，推出了本国的计算机通信计划。大的工业国家纷纷投入了信息高速公路的建设，这宣告了通信、信息技术和内容产业的集合。

从一开始，多边组织就加快了建立一个开放性的、可以自动调节的全球市场的步伐，为此召

[①] MINC, A., NORA, S., 《L'informatisation de la société》, rapport au président de la République, Paris, La documentation française, 1978 et le Seuil, 1978.

开了信息社会世界峰会（SMSI*）。这次峰会最初应在 IUT[①] 的资助下于日内瓦举行，将国家、企业和国际组织聚集在一起。这场电子工业领域的盛大集会最终于 2003 年在日内瓦举行，在两年后再次于突尼斯举办的峰会上，新加入了第四方合作伙伴——公民社会，它聚集了发展中国家的非政府组织（ONG）、教育机构、研究中心和媒介共同体。这两次峰会重新提出了对当今信息社会电子工业手段的讨论，所呈现的观点逐渐集中于社会文化层面。

知识社会

英国人通常采用"知识社会"而非"信息社会"的说法，联合国教科文组织则更喜欢使用"认知社会"这种说法。在《科学世界》（教科文组织发行的季刊）2003 年刊登的一则采访中，联

[①] 经核原文，原作使用的的确为 IUT。经搜索，国际电信联盟的法语缩写为 UIT，对应英语中的 ITU，此处疑为原作书写错误。——译者注

合国教科文组织负责传播与信息事务的副总干事阿卜杜勒·瓦希德·可汗(Abdul Waheed Khan)说道:"信息社会是知识社会的基石。然而对于我来说,'信息社会'的概念和科技创新的想法相关,'知识社会'的概念包含社会、文化、经济、政治和体制上的变迁,以及一个更多元化的发展前景。在我看来,'知识社会'的概念比'信息社会'要好一些,因为从社会变迁的复杂性和活力上来说,前者所包含的内涵要更多一些。"

但是有一些人更喜欢将这个英文表达译为"智慧型社会",人类的认知是形式化且客观的内容,然而知识通常来源于直观且生动的经验和实践。曼纽尔·卡斯特尔(Manuel Castells)采用"信息化社会"的表述方式,因为在他看来,"这是一种特殊的社会组织形式,其中信息的创造、处理和传递成为生产力和权力的首要来源"(Castells,1998—1999)。阿达马·萨马塞库(Adama Samassékou,2003年任信息社会世界峰会办公室主任)采用的是"知识分享型和认知社会",而安东尼奥·帕斯奎亚利(Antonio Pasquali)认为需要重新引入communication这个词:"信息告知的核心是信息单向、有原因、有组织的传播,然而

概述　信息社会的批判性方法

communiquer 参照的是信息的双向流通,也就是有关联的、对话式的、强调社会与经济现实的信息"①。在这方面,他认同多米尼克·吴尔敦(Dominique Wolton)在此领域的思考,这一部分我们将会在本书重点部分的结论中看到。

信息一词的模糊性

　　信息一词是一个百宝箱,这一点造就了它的通用性;从工程师到生物学家,从记者到政客、工人,从电视观众到学生,所有人都可以使用这一词语。难道有人在每晚上床之前不阅读一些信息吗?回到这个问题——究竟什么是信息?哪怕一个中学生,都能重复出拉斯维尔(Lasswell)著名的传播模式:谁说了什么,对谁,通过什么渠道?创造信息论的工程师香农(Shannon)只关注在一根电话线的内部从 X 点到 Y 点的数据,

---

① Propos apportés par Sally Burch dans *Société de l'information / société de la connaissance*, http：//vecam.org/article516.html.

以使传输效率达到最大,减少声音信号的损失。

所有人,通过他自己的方式,沉浸于对信息社会种种好处的幻想。如果我们采用阿兰·图赖讷和丹尼尔·贝尔给出的定义,也就是新的革命将来自非物质元素(信息和知识)相对于物质数据(原材料和机器)的优势,那么大部分专家已经开始从他们的视角设想未来的社会究竟是什么样的了。

金融家和商人曾经认为,由于货币的非物质化(电子货币和信用卡的发明),商业规则将被改变:没有了中介,就缩短了生产者和消费者之间的距离(我们将其称为 B to C 或 B2C,商家到消费者)、生产者之间的距离(B2B,商家到商家,得益于及时出现的内联网和生产系统),以及消费者之间的距离(C2C,比如 eBay 和其他拍卖形式)[①],电子商务成为通向国际市场的道路,但是除了个别情况,如银行转账(我们之后会再次谈到)。旅游业和文化产品贸易(唱片、电影、电视、电子游戏)正逐渐成为非物质化产品,电子商务的

[①] Voir l'article de Petit dans ce livre : 《TICs et nouvelle économie : entre mirages et miracles》.

成功正在走下坡路（占市场总额2%或3%）。

但是，正如雷利特（Rallet）在他的著作中提到的一段话："互联网不仅仅是一个引发经济数字化的全球巨大网络的技术载体，同时它也是这种经济形式的孵化器和实验室。我们将这种互联网经济称为数字化向全面经济活动的扩大和延伸，尤其是在经济和其他活动相配合的领域。"总而言之，信息是一种自我价值，从这个意义上来讲，信息可以让我们协调整合一系列操作工序，从研究/发展到构思、加工、营销、配送、支付，原则是尽可能少地动用人力物力而使信息"工作"起来，可以说社会行业中循环的血液是企业。

说到了研究和发展，有必要对个体在网络中工作以及使用集体智慧工具的能力进行集中培训。研究是通过对数据和知识基础的整理来丰富的，由于电脑和网络越来越发达，我们可以随时随地获取这些信息。[①] 得益于强大的网络，研究中心如今可以分散开来，各个学科的研究者可以远程

[①] 例如，MacIntosh目前将提供24英寸、3.06GHz的双核iMac，它配备了1T（10字节的12次方）硬盘，并且售价低于2000美元。

一起工作;受信息科学的启发,他们创建了认识论和方法论模型。比如在医学领域,人体被视为一个大的信息交换系统,在这个系统中,神经递质(神经元和神经轴突)和神经调节物质扮演着基本角色;人们仍在寻找脑部的灰色和白色神经组织在大脑皮层和激素中循环的运行机制。由于保持健康也涉及多个领域的知识,因此出现了关于环境、营养、预防以及自愈的诸多信息管理模式。

至于培训和教育,经济学家马克·波拉特(Mars Uri Porat)在 1967 年便预测 53% 的美国手工业将会采用"信息化生产"模式。① 在此之后,

---

① Voir PORAT, M. U., « The Information Economy : Definition and Measurement » in *Rise of the Knowledge Worker éd*. James W Cortada, Paterback, 1998. 详见马克·波拉特所撰写的《信息经济:定义和测量》一文,本文收录于 1998 年由詹姆斯·W. 科塔达(James W Cortada)编著的《知识工作者的崛起》一书。在信息的初级部门,波拉特将"产业"概括如下:知识的生产和创造(研究发展和信息服务);信息的分配和传播(教育、信息公共服务、通信);风险管理(保险、金融);研究和协调(经纪业、广告);信息处理和传输(通过电脑、通信基础设施进行信息处理);信息商品(计算器、半导体、电脑);一些政府活动(教育、邮政服务);支持性设施(办公楼、办公家具);有关信息商品和服务的批发业和零售业。

服务业得到了惊人发展，人们明白了有必要重新审视后工业化国家的教育模式了！克汉先生（M. Khan）于 2008 年 9 月在全球知识伙伴关系（Global Knowledge Partnership，GKP*）的一次会议上表示："如果知识是发展的发动机，那么科技就是燃料，没有燃料，发动机就没办法运转。目前，信息通信技术的进步可以让人们预见教育和培训领域的范式发展。"

官员和政客懂得信息技术和网络是如何通过公民手中的电子票改变民主的，他们用自己的方式将信息告知公众并动员他们，改善个性化服务。大部分的公共行政部门目前都有面向公民开放的信息网站，但是缺少互动性。一些政治家通过邮件来回复他的同胞们，政治机器越来越多地使用现代化对话工具，比如博客、推特和其他社交形式；奥巴马便是通过这种方式在美国发起和助力他的竞选运动的。但是无论如何，值得注意的是投票的比例正趋于下降，公民变得越来越麻木冷漠，甚至充满怀疑和消极情绪……

数字化是如何改变文化和传媒产业的？

信息化社会的到来正在深刻地改变着文化产业和媒介。在工业领域，大众传媒已经扩散到全国范围；在互联网和移动通信时代，媒介呈现出可交互、多媒体、可参与的特点，这得益于信息的数字化和网络的全球化；传播变得个体化和世界化，这就是当前社会的悖论！许多事情都发生了改变，但并不是所有的东西都被神奇地改变了，在这个世界上，还有一半的国家处于专制统治，甚至独裁统治之下。更糟糕的是，数字断层不仅在非洲和发展中国家显而易见，在一些富裕国家内部也存在，如美国、加拿大和法国，这一点瑞萨（Rizza）在文章《数字断层：互联网一代的悖论》中也多次强调。

但是不得不承认，控制像广播电视这样的集中化系统要比控制网络博客、YouTube、Twitter或者MySpace更容易，不论是在突尼斯还是更偏远的地方，有了像Google这样掌握新型信息通信技术的大型跨国公司的协助，信息都可以传递！

概述　信息社会的批判性方法

不管怎样，我们几乎可以直接追踪对艾哈迈迪·内贾德①选举舞弊的异议，以及在洪都拉斯和东方国家的反对力量，等等；政治制度应该是目前公众舆论最关注的话题。马格里布有超过500台卫星电视，互联网几乎渗透了亚洲各个地区。正如多米尼克·卡尔顿（Dominique Cardon）在本书《公民在博客中所扮演的角色》这篇文章中所指出的，新型信息通信技术，尤其是参与式互联网，能够赋予公民话语以自由，动员民众反对谎

---

① 根据2009年6月21日费加罗网站的报道，既不能高估也不能低看推特作为交流和协调工具在伊朗武装反抗中的作用，尽管推特在伊朗的订阅量少、网络不畅，且有警察的严密监视，"但是推特在动员国际公共舆论上发挥了巨大的影响力……的确，方式效应以及放大镜效应在其中发挥了巨大作用，关键在于认清最初几天那些简单的标题之外的东西——一群伊朗年轻人源源不断地为西方世界提供信息，这些信息被国际媒体广泛查阅，这将有助于保持媒体热度，从而对伊朗当局施加压力。从这个角度来说，推特在国际事件报道中发挥的作用是不可回避的"。对抗艾哈迈迪·内贾德选举的反抗势力来自民间，但是多亏有可参与的媒体，公民在专制政权面前感到不是孤身一人，无论其在国内还是国外。

言和压迫。由于新型信息通信技术①，我们从不缺乏颠覆政治形势的案例；社会学家萨帕特罗（Zapatero）通过手机短信②发出指令，打败了保守党人阿斯纳尔（Aznar），后者认为阿托查（Atocha）的地铁爆炸案凶手为巴斯克分立主义团体（2005年3月11日）。

硬币的另一面

新型信息和通信技术领域的个性化或业余化生产的趋势越来越明显，因为当前存在着一系列

---

① 见作者的另一文章《Le Phénomène d'appropriation citoyenne des TIC》, in KIYINDOU, A., EKAMBO, J. C et MIYOUNA, L. R. (dir), *Communication et dynamiques de globalisation culturelle*, Paris, L'Harmattan, 2009.

② 回想一些事实：在马德里事件中，三天的时间，青年人就成功动员了人们推翻一个占极大优势的政府。正如我们所知道的，阿斯纳尔政府竭尽全力，对造成马德里阿托查（Atocha）车站的基地组织袭击事件的巴斯克祖国与自由党提出控诉（2005年3月11日），并希望不被指认为美国在伊拉克战争中的同伙。那些不经常参与投票的年轻人在他们的社交网络尤其是手机短信中集体发声，内容只围绕两个词：说谎者和投票。

自主生产的工具（由于有了可拍照的移动电话、手提式摄影机、小型磁带录音机、博客、手机短信等，所有人都可以成为生产者），这些工具人人都触手可得。我们如今处在网络新闻时代，更准确地说，是处在社交媒体普及的时代。比如：在美国弗吉尼亚理工学院暨州立大学所发生的悲剧事件中，是当地的学生报纸第一时间提供了援助信息，这得益于博客、手机短信网络，尤其是MySpace这种很好地根植于大学校园熟人交际圈的软件提供了实时的信息；校方负责人在第一起谋杀案发生两个小时后就将事件经过告知了学生。然而，谋杀案的凶手此前就已在互联网上暴露了自己。

如果每个人都可以自己生产内容，那么他也可以通过YouTube、Dailymotion、Flicker、Facebook、MySpace等网站进行自主传播，这些都是易操作的传播工具，可以展现普通网民多样化的作品。但是，在网络系统中，什么都有，也什么都没有，有真实的，有虚假的，有色情的，有政治的，有裸露癖和窥淫癖互取所需；我们可以看到最异乎寻常的个人行为，有些人半裸着身体进行自拍，我们甚至可以发现一场自杀直播……

在信息方面，我们正在经历着从电视直播到即时通信的转变（Lafrance, 2009）。有上百万只眼睛和耳朵注视并倾听着这些自己拍摄并上传日常生活事件的人；信息如今以互联网的速度进行传播，在此无须赘述了。谁能管控这些庞大的"电子布谷鸟"？谁能将谷物和稗子区分开？谁能将真实的和虚假的区分开？谁能将无用的和重要的区分开？谁能将流言和可以被证实的区分开？谁能将促销广告和文化作品区分开？互联网成了世界上各种声音的集散地，用流行语来说就是，互联网上充斥着由各种信息传播带来的嗡嗡声（le buzz）；但是噪声可以让人失聪！

在这个信息社会里，使信息大众化、使公共空间非政治化是存在风险的。① 信息不是传播，正如多米尼克·吴尔敦在本书的结语《传播社会而非信息社会》中所反复强调的。一个新的概念正以电视屏幕下方持续滚动标题的速度取代另一个概念。无事生非（William Shakespeare）——

---

① 属于公共空间的概念，见 DACHEUX, É., (dir), *L'espace public*, Paris, CNRS éditions, 2008 [coll. *Les Essentiels d'Hermès*].

概述 信息社会的批判性方法

Much Ado About Nothing。在 Twitter 上，我用 148 个字就可以宣布一个国家的革命或者我和女朋友的分手，海啸警报或者我早上 11 点起床的信息。网络聊天（Clavardage）通常是瞎说乱讲（bavardage）的同义词，信息成为娱乐。广播*则经历了从窄播到自播的变化。

在互联网发展时期，传统纸媒遭受重创，日渐式微。在美国，有些创刊 140 年的报纸停止发行纸质版，将阵营迁到了互联网上，抑或解雇了一大批记者。在电视上，专业化的频道越来越多，面向大众的频道却在缓慢、无可避免地失去它的受众，这是悖论；广告流向了互联网，促销在人们难以察觉之时蔓延至社交媒体（我们将其称为病毒式广告）。我们说媒体在发展过程中适应了多元化的呈现方式（电视屏幕、微型计算机屏幕、3G 手机屏幕、iPod 屏幕），但是每次，观众都被划分成不同群体，盗版逐渐增多，媒介的经济来源变得越来越稀少，（听众的）收听习惯发生了变化，尤其是年轻人的。我们将在媒介的流动中何去何从？

危机的含义

对于"信息社会"这个词组,我们不会去反复重复"信息"一词的好几重含义:它有文化层面的含义,和媒介、教育、知识获取以及人类交流有关;在其他方面,信息对工业、商业和金融业来说意味着"新数据"和传播,是新数据交换的过程,以使制造、运输、营销和销售的操作达到最大限度。在科学层面,信息在通信领域有一个中立概念;在信息技术(TI)中,数据通常是对一件事物、一桩交易、一个事件等被编码对象的基本描述。在电子商务中,涉及虚拟经济过程最多的三个领域依次是:银行交易、旅游和文化产品。我们已经多次谈到数字化对文化产业(新闻、广播电视、音乐、互联网等)的影响;另外,自从互联网时代到来以来,实现销售梦想变得比以往容易得多,旅游业发生了巨大改变。然而,发生最大改变的是金融领域,我们称之为经济的金融控制,这也是经济大萧条以后我们所经历的最大的危机。

的确有方式来解释这些事件,可以说:这是资本主义的危机,是新自由主义放宽管制的结果,是经济代理人对金钱的渴望及其道德意识缺失的结果,但是我们仍然可以使用这一词组——信息社会来解释这些现象。事实上,怎么解释危机呢?一方面,得益于信息技术的发展,货币的非物质化现象跨越了时代,直到货币完全数字化的实现;另一方面,信息货币在世界范围内通过电子网络迅速流通。这种双重运动使得控制失衡,引发了一种关于深度危机的恐慌。

货币的信息化是货币逐渐转变为价值象征的过程,它的虚拟化是在交易操作中完成的非物质化过程。消费者、企业、证券交易者、银行家感到交换的仿佛只有信息。交易的国际化使得调节脱离了国家的控制。麦克卢汉(2001)1970年代就说过:"信息流通和货币转换能力的加速所带来的不可避免的结果之一,就是给予那些能够根据形势提前几小时或几年(我们现在还可以加上几分钟）预测到这种变化的人一个致富的机会。"①

货币的快速流通造成了系统的超速运行。这比给出一个指令将一个标志地点的数字变为另一个要容易得多！因此我们说，在股市里，证券被转手。金钱，只意味着信息之间的流动，它变得极其抽象。对于大部分人来说，用一张信用卡来购物，是一个不计后果的行为，或者说至少没有立刻产生后果：购买，让自己开心，给予自己舒适感；去旅游，您将在12个月、24个月、48个月、72个月后看到后果……为了欲望的瞬间满足，我们将支付延后了。消费像毒品一样产生作用：它所产生的愉悦感是生动和转瞬即逝的。经济学家丹尼尔·科恩（Daniel Cohen）说道："目前形势的悖论之一所依据的事实是，大部分的人处在城乡转换之间，这个时候，全球范围内产生了一种新的边界，这是由信息和传播技术所创造

---

① McLUHAN, 2001: P. 225. "金钱总会保留它的一些社会物质属性。最初，它扩大人类对第一物质和远距离物质的统治的功能还比较受限制……随着劳动被一些简单的信息运动取代，货币作为工作的仓库在信用和信用卡信息的形式中迷失了。从金属货币到纸质货币，再从纸质货币到信用卡，商业交易正持续朝着信息传输的方向发展。"（同上，第219页）

的一种网络空间的新边界。"

如何走出危机？再次刺激消费，让（倒闭的）银行不断放贷……重新启动机器来做梦，荒谬！一旦风暴过去了，我们就会再次走向一场新的危机！大萧条从1929年开始持续了十几年的时间；之后，1973年发生了危机（第一次石油冲击），1980年（第二次石油冲击），1991年，2004年（新技术危机），2009年（次贷危机）。下一次将会是什么时候？信息社会注定会不断遭受危机吗？

P. Virilio是被速度的概念吸引的，他在二十年前就预言了股市的暴跌："我们忽视历史的加速现象已经三十年了，这种加速是主要事故增多的根源……这些事故不是偶然事件。我们目前只满足于从经济或政治的视角来研究股市暴跌以及它的社会后果。如何定义意外这一面之外的股市事故？就像所有的现代事件一样，需要考虑一系列世界范围内的同步事件。习俗的同步、生活习惯的同步、处事方式的同步，但同时也有感情的同步。我们正在从共产主义阶级向瞬时性的、同时发生的全球化所产生的影响和害怕过渡。对于股市来说，道理是一样的。在经历短暂的技术阶段后——银行倒闭、股价下滑——我们进入了一个极具'癫狂性（hysterisation）'的反应阶段。我们谈论市场的疯狂、'不理智'行为的疯狂，甚至几乎被世界末日吸引。"①

结　论

　　总体来说，我们常听到大部分人说我们已经进入了信息社会，即使对信息社会的定义及其造成的后果还没有达成一种共识。对于一些人来说，信息包含了一切相关数据，收集、处理、诠释和使用这些数据，能够实现贸易、经济组织以及服务分配、政府、公共行政、科技调研等领域的一切行为。对于其他人来说，信息首先是知识和认识，它在人类活动各个领域内的传播使沟通和人类之间的相互理解成为可能。尽管如此，我们与发展阶段之间还有相当长的一段距离，因为在"信息富裕者"和"信息贫困者"之间存在着一道

---

① VIRILIO, P., ＜ Le krach actuel représente l'accident intégral par excellence ＞, article du Monde. http：//www. lemonde. fr/opinions/article/2008/10/18＞.

鸿沟，这是家庭装备、语言和文化的隔阂、硬件的多样性、使用同一规则的困难、个人和社会之间交换的匮乏所共同造成的。

悖论！交流难题将是信息社会的重要特点之一！

作者：让-保罗·拉弗朗斯（Jean-Paul Lafrance）

参考文献：

AMBROSI, A., PEUGEOT, V. et PIMIENTA, D., *Enjeux de mots : regards multiculturels sur les sociétés de l'information*, C & F éditions, 2005.

BELL, D., *Vers la société postindustrielle*, Paris, Robert Laffont, 1976.

CASTELLS, M., *L'ère de l'information*, vol 1 : *La société en réseaux*, vol 2 : *Le pouvoir de l'identité*, vol 3 : *Fin de Millénaire*, Paris, Fayard, 1998—1999.

KIYINDOU, A., EKAMBO, J.-C., et MIYOUNA, L. R., *Communication et dynamiques de globalisation culturelle*, Paris, L'Harmattan, 2009.

LAFRANCE, J.-P., *La télévision à l'ère d'Internet*, Québec, Septentrion, 2009.

MCLUHAN, M., *Pour comprendre les média*,

Biliothèque Québécoise, 2001

TOURAINE, A., *La société postindustrielle. Naissance d'une société*, Paris, Denoël, 1969.

数字断层：互联网一代的悖论

尽管官方的传播学家们一直在赞美信息社会的到来，并于 2003 年和 2005 年召开了两次全球峰会，但人们对互联网（"网络的网络"）和信息传播技术的真实社会影响力依然存在许多疑问，这二者通常被联系在一起。这也是"断层"或者"数字鸿沟"这一概念始终是社会关注热点的原因。

对于我们来说，我们希望证实，信息传播技术作为社会关系的缔造者的同时，又很矛盾地是社会关系的破坏者。我们会通过以下几个方面来论述：

——信息和传播所引起的社会经济、科技、政治方面的挑战；

——网络社会中人的因素通过数字断层呈现出来。

根据 Venezky[①] 的两种标准，我们向大家提供一种研究这种断层的方法。这两种标准一方面为我们提供了研究信息传播技术和网络信息循环的方式，另一方面让我们了解了使用和处理这些信息所必要的知识和专业技能。为了说明我们的观点，我们将以互联网一代作为参考案例。

传播在社会经济、文化、科技和政治领域中的核心地位

信息交流作为社会生活的核心，是经济、文化、科技和政治博弈的关键所在。互联网对于我们来说是一种新经济的载体，其中知识是财富的第一动力，而互联网和信息传播技术的影响力是通过知识操控和知识生产原理来实现的。"信息和通信技术就是这样在普及的过程中有利于知识的传播、交换和分享的"（Ghernaouti-Hélie，Dufour，1999，p. 97）。

---

① VENEZKY, R. -L.,《 The Digital Divide within Formal School Education : Causes and Consequences 》, in OCDE, *Schooling for Tomorrow : Learning to Bridge the Digital Divide*, 2000, p. 51-62.

从时间上看，S. Ghernaouti-Hélie 和 A. Dufour 认为信息社会是继工业社会之后出现的，工业社会的特点是大众媒介的出现，如广播和电视，信息社会区分于工业社会的特点则是存在产业化和交互性的媒体，如互联网。信息社会实现了信息领域的一次真正变革，它"颠覆了信息的处理和储存方式，改变了整个社会和机构的运转模式"（p. 96）。因此，这种产业化和交互性的媒体造成了传播的一种断层，并催生了一种"新的"交流方式。

传播社会和以知识为中心的经济模式

这种以运用信息传播技术、借助社会管理手段为特点的新的传播方式源于一种社会的重组，这种社会重组一方面依托于信息传播技术的投入使用（更确切地说，我们可以称之为"连接成网"），另一方面依靠个人和由个人组成的集体之间通过信息流通形成的相互关系。

和"信息社会"相比，我们更喜欢"传播社会"的说法（Wolton，1999），因为传播社会让人联想到传播学的相关理论,并且能够更好地通过信息传播技术和互联网理解社会变化中存在的问题。这种表达方式相对而言可以让人更加注意网络中"传播—信息"(机械论)的重要性,并重视由此产生的"传播—关系"(组织理论)。

"媒介化的传播"在日常生活中的地位见证了社会变化:信息传播技术和互联网在休闲娱乐、工作和实际生活中的运用,催生了新的传播行为。更确切地说,是这种行为和新的社会关系的出现,让人们重新审视社会变化和科技之间的关系,也让人们更深地理解了这场信息革命。

为了让人们理解这场革命的机制,乔希安·朱埃(J. Jouët)依据科技化和社会化并存的双媒介,对科技进步和社会变化之间的协同性进行了验证[1]:

——科技化,因为"使用的工具构建实践";

——社会化,因为"使用形式和在实践中产生的认识都来自社会行业"。

---

[1] JOUËT, J., ‹ Pratiques de communication et figures de la médiation ›, *Réseaux* n° 60, paris, juillet-août 1993, p. 101.

一方面,"科技媒介在传播实践中不是中立的"①,另一方面,社会媒介"掌握传播实践,围绕传统媒介或者信息化的技术,成为……社会联系的产物"②。

因此,这种新的文化首先是一种科技媒介与社会媒介相互作用的文化,其特色的表达方式使其在知识上占据了优势地位。的确,对于许多用户来说,互联网是一种强大的科技,可以让个人、团体和国家改善其现状,在知识经济中发挥出策略性优势,并为实现更好的生活品质开辟出新的道路。③

---

① JOUËT, J., « Pratiques de communication et figures de la médiation », *Réseaux* n° 60, paris, juillet-août 1993, p. 106.
② *Ibid.*, p. 112.
③ BOWIE, N. -A., « The Digital Divide : Making Knowledge Available in a Global Context », in OCDE, *Schooling for Tomorrow : Learning to Bridge the Digital Divide*, 2000, p. 37-50.

当今社会大众传播的核心：互联网一代的诞生

信息革命"正在彻底地塑造一代人"（Tapscott，1998，p. 2）。互联网在改变教育、企业文化、消费方式、公民身份这些构成主要社会生活的范畴的同时，对这代人发展的影响在急剧增强。

互联网一代在社会中的诞生被朱埃定义为"建立在双重媒介之上"，这一点在之前已经阐述过。社会的转变造就了这一代，他们的出现是科技孕育的结果，他们的诞生也被这一代人和他们所适应的媒介关系定义。更确切地说，这种适应是典型的人口现象（代际交替）与技术进程（互联网和信息通信技术被引入社会）之间相互关联的结果。

所以互联网一代是第一个在信息传播技术中，尤其是在网络中成长的一代。① 这也是泰普史考特（Tapscott，1998，p. 38）将这一代命名为"互联网一代"的原因。"他仅仅用一个术语就准

---

① 泰普史考特（1998）将其与1977年以后出生的人口相对应。

确地概括了人口现象的影响,并以此对新媒介的影响力进行分析。在这个范畴内,这个词被赋予了新的信息,即关于在数字媒体环境中长大的一代的决定性特征"。在这代人中的个体被社交化的同时,一种完全交互性的新的传播方式正在崛起。

而且互联网一代不仅仅是信息革命的简单"见证者",他们自己也是社会变革和社会问题的承担者。

——根据这代人和媒介维持的关系,他们被准确地定义;

——这代人与之前的几代都不同,因为这代人是在信息传播技术的包围中成长的,并且这代人在不知不觉中就获得了这种特性。

这代人在孩童时期就通过信息传播技术(网络)进行学习、玩耍、交流、工作,并创造了和他们父辈完全不同的社会群体。他们首先构成了一种力量,一种改变社会的动力。这代人的活力使得其他社会部分也吸收了这代人的文化。所有的这些,让人们想到未来的几代人也会在信息技术的演化中成长起来。因为事实上他们出生在一个被信息传播技术强力支配的社会,所以这些

"数字原住民"[①]掌握了构建高效信息传播技术的所有技能。

然而新的教育方式的实施、新的企业文化的建立、新的消费方式的出现,以及公民身份提高的可能性,是全社会共同面对的挑战,我们应该共同去应对,而非单靠社会的一部分。因此,布洛什(Bloche,1999:27)提出警告,反对知识和认知碎片化这一新形式,"有些人知道很多,有些人什么也不知道,每个人所知道的都不同"。

这就是互联网一代的观点,尽管社会关系由信息传播技术所创造(通过社会和个体之间关系的重组),但是每个社会成员都没有用相同的方式去获取信息,他们也不具备相同的能力和认知去处理信息并将之运用于他们的日常活动。

[①] PRENSKY, M., 《 Digital Natives, Digital Immigrants 》, *On the horizon*, NCB University Press, Vol. 9, n° 5, 2001.

人为因素在今后的网络社会中的重要性：信息断层（数字鸿沟）的危险性

当信息社会网络化不再遭受质疑时，信息断层可以被看作和"数字化联系"相对应。对于个体之间的"传播关系"，"数字化联系"排在首位。

我们正是基于上述层面理解数字化联系的。从这个定义出发，我们提供了一种研究数字断层或数字鸿沟的方式。像文尼斯基（Venezky）一样，我们把数字断层分为两个方面：

——有限制地接收信息，这是由于接触信息传播技术和互联网的途径十分有限，也就是说"没有实现网络化"；

——缺乏足够的知识和能力来掌控和使用这些技术。

"从字面意思来看，信息断层……造成接触互联网资源的能力不对等，这是由物理条件的限制、传播机制管控的困难或理解能力的不足所造成的。"[①] 数字经济赋予信息和知识非常重要的地

[①] VENEZKY, R. -L., *op. cit.*, 2000, p. 66.

位,因此会产生一个具有双重运转速度的社会,社会的一部分由可接触信息并能够交流的个体或社会群体组成,另一部分则由剩下的无法接触信息且无法交流的人或群体组成。

当一整代人能够使用这些媒介去提高生活水平、充分利用知识经济所带来的有利影响时,社会的另一部分人被排除在外了:他们没有渠道接触信息,或者更糟的是,不知道如何去处理信息,这些人只能根据有限认知,在新的社会中做出有限的反应。

在这个信息社会中,不交流就意味着停滞不前、故步自封。对于那些知道需要交流且行动起来的人和那些不知道需要交流从而停滞不前的人来说,"问题不只在于接触媒介的渠道和信息的网络化,问题还在于知道自由使用服务的差异、对技术的掌握、动机和学习机遇是如何导致这个世界的两极分化的"(Tapscott, 1998: 256)。

如果我们重申由文尼斯基提出的数字鸿沟的两个方面,我们可以发现造成信息断层的真正源头很明显:对于大多数人来说,社会的不平等(社会经济和文化方面)早在信息技术被引入这个社会之前就已经存在了。

不平等的信息获取渠道

首先,数字鸿沟的出现基于接触互联网及信息传播技术的渠道的不平等。国与国之间(发达国家与发展中国家之间,甚至欧盟内部)及国家内部地区之间存在很大差距。

从国际层面来讲,数字鸿沟似乎加剧了不平等性,其实这种不平等性在信息传播技术进入社会之前就已长期存在。知识作为今后发展、财富及经济福利的来源,成为社会经济差异及文化差异产生的原因。因此从国际层面来讲,只有一类有特权的人会首先出于经济原因获取信息。

从地区层面来讲也一样,比如欧盟此前决定要有共同的经济、社会甚至文化纲领。这个例子可以让我们去检验这些几乎同质的所谓"工业化"国家的人民的处境。事实上,就此例,如果我们比较一下各国接入高速互联网的用户率[①]，不难看出以下差异：

——北欧的冰岛、丹麦、挪威、瑞典、芬兰以及荷兰这些国家的配备要比其他地方更好些（家庭接入率在60%到76%之间）；

——南欧一些国家（希腊7%、塞浦路斯20%、意大利25%）或者地中海东部的一些国家（罗马尼亚8%、保加利亚15%）则配备得要差一些。

如果我们把目光聚焦于法国，可以发现，在2007年，62%的家庭拥有一台台式电脑，二分之一的家庭有网络（49%）。但是换一个角度来讲，2007年在法国，二分之一的家庭没有接入互联网，三分之一的人从未使用过互联网，或者说已经一年多没上网了。

不足的知识和技能

鲍伊（Bowie）认为，能够接触互联网和信息

[①] Taux d'accès en haut débit. Source：EUROSTAT, *Enquête communautaire sur l'utilisation des TIC dans les ménages et par les particuliers*, 2007.

传播技术不足以满足个人在信息社会中的交流和活动，个体还需要具备一定的知识和技能去使用这些技术："就算每个人都有私人便携式电脑，并且有免费的网络接入渠道、网络结构可靠，但这些还不够，因为技术不能帮助那些不识字或者没有技能的人变得更加聪明。"[1] 因此，文盲和缺乏培训构成了在使用信息和传播技术以及处理网络信息方面的两大主要障碍。

因此就国际角度而言，无论是在贫穷国家和富裕国家之间，还是在国家内部的穷人和富人之间，都可以用社会经济及文化的差异解释为什么科技使用及信息处理方面存在差异。举个例子，凯利·萨利纳斯（Kelley Salinas）[2] 基于 1998 年联合国教科文组织的数据，展示了最发达地区的扫盲率是 98.7%，而欠发达地区仅为 70.4%。同时，努伊拉斯（Nouillas）[3] 强调，只有有限的

---

[1] BOWIE, N. -A., *op. cit.*, 2000, p. 41.
[2] KELLEY-SALINAS, G., « Different Educational Inequalities: ICT an Option to Close the Gap », in OCDE, *Schooling for Tomorrow : Learning to Bridge the Digital Divide*, 2000, p. 21-36.
[3] NOUILLAS, O., « Quand Internet creuse les inégalités », *Cahier Français*, n° 295, *L'Internet*, mars-avril 2000, p. 9.

精英人士可以真正享受到网络的好处，因为"世界典型的网民都是那些 35 岁、受过高等教育、拥有高收入、住在城市、说一口英语的人"。

最后，世界经济合作与发展组织（2000）指出，数据断层最明显地体现为传统教育方面学校之间的差异，比如信息技术设备、网络连接和教师水平。因此，对于学校和其他教育机构保证全体受教育的人（穷人跟富人一样）都能平等地接触信息传播技术、享有同等水平的"科技扫盲"，我们觉得这并非现实（OCDE，2000：54）。

因此，信息断层首先是一种教育断层，其原因更多是社会方面而非技术方面的。于是在互联网一代之外，仍有一类社会等级被排除在外，在这个从今往后会一直被信息和知识掌控的社会中，他们没有途径获取这些信息和知识，似乎注定要遭受失败、陷入贫穷。

互联网一代的悖论："信息贫困户"，传播社会中的新一代贫困阶层

我们可以绘制一个传播社会的图景，将数字断层分为两面，一面接受光明，另一面则一直处在黑暗中：

——一面是"信息富裕者"所在之处，他们可以获取信息传播技术，并具备使用这些技术所需的知识，能够接收信息，因此可以跟世界的其他部分进行交流并在世界范围内活动自如；

——与此相对的一面是"信息贫困者"所处之地，他们无法获取信息传播技术也无法接触互联网，更不知道如何使用它们，因此他们不能在今天这个由信息所控制的世界中有所作为。

用来指这两个新的对立社会阶层的英语表达是非常形象的：一方是 haves（拥有者），另一方是 have-nots（一无所有者），这是根据他们是否能够接触信息传播技术并进行网络社交来划分的（Tapscott，1998：7）。毫无疑问，这两组人分别对应 knowers 和 know-nots（知道的人和不知道的人）、doers 和 do-nots（有作为/行动力的人和没有作为/行动力的人）。

另外，随着信息传播技术和互联网所带来的文化不平等性的加剧，这些"信息富裕者"和"信息贫困者"变成了社会中的"信息选定者"和"信息排除者"。正如茜-穆萨（Si Moussa，2000：85）所说："文盲现象反复出现，这一问题使得断层不断加深,这是由于社会和文化交换的建立仅限于部分地区或者部分阶层的人。"

因此,互联网一代的悖论在于他们自身无法将数字断层弱化。事实上,数字断层催生了新的贫困阶层,即信息贫困者,他们被置于信息社会的外缘并维护着已经存在的社会断层。相反,在信息社会的中心,信息富裕者被聚集起来,连接成网,并且享受知识经济的全部优势。

从国际角度来看,世界依然是被分割成两部分的,国与国之间、地区与地区之间也是如此……

作者:卡罗琳·瑞兹(Caroline Rizza)[①]

参考文献:

BLOCHE, P., *Le désir de France : la présence internationale de la France et de la Francophonie dans la société de l'information*, Paris, La documentation française, 1999.

[①] 卡罗琳·瑞兹,电信科技教学创新部教师研究员,信息与通信科学博士。她的工作侧重于教学和培训。她也是一名专家,为由OCDE教育研究和创新中心牵头的名为"新千年的学习者"项目做出了贡献。

GHERNAOUTI-HÉLIE, S., DUFOUR, A., *De l'ordinateur à la société de l'information*, Que sais-je ? n° 3541, Paris, PUF, 1999.

MIÈGE, B., *La socitété conquise par la communication*, tome 1, *Logiques sociales*, Presses Universitaires de Greboble, 1996.

OCDE, *Schooling for Tomorrow : Learning to Bridge the Digital Divide*, Paris, OECD Publications, 2000.

SI MOUSSA, A., *Internet à l'école : usages et enjeux*, Paris, l'Harmattan, 2000.

TAPSCOTT, D., *Growing up Digital : the Rise of the Net Generation*, New York, Mac Graw-Hill, 1998.

WOLTON, D., *Internet et après ?*, Paris, Flammarion, 1999.

信息传播技术和新经济：
在幻影与奇迹之间

信息传播技术（TIC）是经济活动产品的总称，包括工业和服务业。它通过电子①来呈现、处理、存储和传递信息。作为新经济的核心，它或表面或深层地改变着我们的生活。

从浪潮到泡沫

首先令人震惊的是 TIC 产品传播的速度，其

---

① 信息传播技术的定义被临时国际计算中心（PICC）、世界经济合作与发展组织（OCDE）的方案采用，相关的设备清单于 1998 年被制定。详见法国信息统计委员会（CNIS）工作小组关于《信息传播技术发展及其对经济影响的观察统计》报告（2000 年）。

信息传播技术和新经济：在幻影与奇迹之间

市场正在飞速发展。但是，其设备的高速普及并不一定意味着我们行为方式的深层变革。新经济的出现不能用计算机设备的增长率来衡量，重要的是我们使用这些计算机的能力，而在此领域人们产生了诸多幻想。最惊人的例子就是20世纪90年代中叶互联网的普及。在极短时间内，这个通信工具从最开始运用于军事领域发展到面向科学研究团体，最后互联网对于大量机构来说都变得易获取且十分具有吸引力。

在媒体的推动下，围绕新经济（该名词由《商业周刊》重点提出），大规模的投机活动产生，它旨在促进这些新技术的传播。人们对那些和新技术有关的公司尤其是对互联网公司的崇拜，导致与其相关的股价一路飙升，并拉高了所有股票的价格。很快，不难看出，这些股价便与我们预先期望的相关公司收益毫无关系了。这种投机泡沫在世纪之交，确切地说是在2000年3月份时破裂。市场估值过高的与新技术相关的股票，以与当初同样不可思议的方式突然间大幅下跌，引发了整个股票市场的普遍性回落。好几个因素导致了人们对这种股票市场的幻灭，同时也直接浇灭了很多身陷股市风波的人对"新经济"的热情。

这场投机泡沫是由20世纪90年代末一场电脑购买热潮所引起的,因为人们担心老设备在进入2000年后会遭到淘汰。因此,我们可以预见,电脑市场会在一定程度上趋于饱和,电脑生产速度将会明显放缓。①

另外一些令人失望的因素包括:第三代UMTS*(通用移动通信系统)发展滞后,而该系统能够使对互联网的使用更方便;金融部门滥用某些交易的电子化,无论是在操纵股票市场的拍卖还是所有新的大公司(安然公司、威望迪环球集团、世界电信公司)不择手段的金融创新方面。

2001年9月11日发生在纽约的恐怖袭击事件,给了这个在19世纪90年代超速发展的产业最后的打击,而失望的传媒业也随之放弃了这个如此反复无常的新兴经济市场……转而将目光投向了更加传统的市场,如战争经济,随着美国相

---

① 罗伯特·席勒(R. Schiller,2005)表示,股价和金融收益之间的关联系数一个多世纪以来一直在15到20之间浮动,这一数值在2000年3月达到了44的最高纪录,而在1995年,这一纪录还只有21(http://www.irrationalexuberance.com/index.htm)。

信息传播技术和新经济：在幻影与奇迹之间

继介入阿富汗战争和伊拉克战争，美国经济得到了飞速发展；再如不动产投机经济，银行业不惜冒着巨大风险，大力支持其改革推进。随着这些产业的持续发展，技术创新和推广也接踵而至，并给一些领域带来了重大生产方式的变革。在影像市场，模拟摄影在三四年间基本消失就是一个非常好的例子。在光盘市场和电影市场，最近一段时间影视作品在互联网上的传播也为其带来了翻天覆地的巨大变化。在移动通话领域，一些新的应用逐渐出现（拍照、发短信、互联网连接）和迅猛发展。

"新经济"的回归不会停止。网上商业交易数量正在不断上升。随着设备和对应软件的不断优化完善，设备（电脑和外围设备）销售纵然有一些周期性变化，但已经进入了发展中间期。股价在2000年以后开始逐年回升，直到2008年，达到了与20世纪90年代末期相近的水平，除了技术股票的价值明显仍比十年前低三分之一。

可以说，一种平和的"新经济"正在以某种方式回归，它远不是开始时传媒所报道的疾风骤雨，而是以一种开放的心态来对目前此种经济形态的利弊进行更为平静的讨论。我们不再企图一下子抓住实践中缓慢变革的各个方面，这一缓慢变革依托于教育水平的提高和信息知识的国际交流的增加，以及新型设备的普及。

从设备到使用和实践

　　对信息传播技术的过度推崇及关于它的幻想破灭是由于人们严重低估了专业人士和普通个人之间在使用所有类型技术方面存在的差距，这主要体现在拥有设备与相关知识以及各种实操可能性之间存在差距。主要矛盾在于，我们观察到信息传播技术在20年间迅速推广，但这却没有引起劳动生产效率的明显提升。

　　诚然，在上述产品（电脑和其他通信设备）的生产领域，生产效率获得了极大的提高（从1995年到2005年的十年间，每年有序增长8%）。信息和通信处理部门的工作情况也同样如此，劳动生产效率每年提高4%。但是，这些领域仅占整个生产领域的一小部分（约8%）。它们的生产活力不足以拉动整个经济体向前发展。信息传播

信息传播技术和新经济：在幻影与奇迹之间

技术的使用者们也需要看到他们生产率①的明显提升。但是现实情况并不是这样。大多数研究表明，要想让新技术的使用明显提高生产效率，需要很长时间的学习和培训投资（参见 Spieza，2009）。

不管是在员工培训质量提高上、学校教育发展上还是在个人信息技术实践上，"新技术"的效果都不是直接的。公司、承包商、供应商三者之间的关系也是如此。我们很难确定信息通信技术带来的明确效果。有时，组织方式的重大创新依赖于生产流的后续推动，即生产效率明显提高。在2000年世纪之交的美国商业领域的沃尔玛现象就是明证。沃尔玛发展其商业网络的方式是在中等城市通过低价售卖进口商品和低价雇用当地劳工来形成名副其实的地方垄断。然而，信息通信技术在银行业的使用并没有带来生产效率的显著提升。不过，需要注意的是在银行领域，对于营业额规模大小的定义也是有疑义的。怎样从总体上解释信息通信技术没有使某应用领域生产效率

---

① 我们衡量生产率时，会将生产量与生产产品的方式相联系。这种衡量方法的难点在于准确定义上述计算产量的单元。

显著提高这一现象呢？

有两种可能。第一，应该注意到组织问题和协作问题有可能限制或者放缓这些新技术的投入使用。在企业内部，工作的重组问题似乎和在其他自动化阶段遇到的问题类似。一个新的因素在于信息通信技术或许有能力在企业间重新进行工作划分，但是这也意味着在或多或少已正规化的网络内进行协调时通常协调很难达成，比如使用什么中介来进行协调通常也不太固定（网络和标准之间的竞争）。换句话说，这些科技创新对于公司来说并不是"中立"的，对它们的使用严重依赖于其他使用者的行为。部门内部的环境也对促进协作有重要作用。但是它们的特异反应性*特点限制了其借鉴最优实践的可能性，这种限制真实存在于大型中介服务网，如贸易、银行、交通和通信领域。

第二种解释是我们不能准确客观地计算出该技术在一些领域带来的生产率的提高。比如服务业，我们难以计算出新技术带来的服务质量的提高（速度、准确性、差异化、对操作的监管和追踪、可用性、连通性等）。这种特性使得很多领域缺乏真实数据，尤其是服务业。经证实，在这些领域内，三分之二的数据是不可测的。在2000年，人们展开了一场辩论，公开讨论上述领域的计算问题，主要着眼于企业谈判时最常提及和使用的数据——PIB（国内生产总值）和价格指数。

这一计算问题不是仅属于国民经济核算的管辖范围，本质上，它与产品协议的更新关系更大，尤其是服务产品。可以采纳什么样的标准以便更好地促进贸易、银行、医疗和教育的发展？有人对现存的测量生产力增长的方法是否正确心存疑虑，这也导致了一场关于福利指数的辩论（参见Gadrey和Jany-Catrice，2004）。2009年9月应法国政府要求出台的Stiglitz报告[①]，只是新行业规则实施长征之路上的一小步。

从生产组织到特殊领域

上文提到的两个解释互相补充，是同一现状不同的两个方面，但是它们不可分割。我们需要

---

① 见委员会网站的报告（http：//www. stiglitz－sen－fitoussi. fr/fr/index. htm）。

努力弄明白一个问题：怎么发展上述新技术才能既增强个人和机器的联系又培养个人在集体中的协作能力？

  一方面，微处理器不断地微型化及其引起的价格的降低①，迅速使个人电脑成为和二十世纪五六十年代计算机时代之初的中央控制电脑一样强大的工具。个人电脑使用率的提升促使该组织模式发展，也实现了在不同组织生产环节用户和机器的面对面。另一方面，随着互联网的发展及其面向商业活动的开放在 20 世纪 90 年代达到顶峰，通信领域相似的进步也同时促使通信网络向多极化发展。因此，个人可以以工作者、公民或消费者的多重身份加入这样一个复杂的网络结构。企业员工的内网不但直接在任务规划中互联，而且同时与企业工作流的整体系统互联。外网中至少存在相互交错的四种关系：

  （a）合作者在附加值产业链中的直接关系（分包商与外部物资和服务供应商以企业与企业之

---

① 根据摩尔定律，我们可以肯定，微处理器中晶体管的数量每 18 个月增加 1 倍。与其说这是一种定律，不如说是一种观察，因为其持续时间有限。

间的B2B网络模式对接）；

（b）生产商/提供商和顾客/用户之间的关系（以企业直接面向消费者的B2C网络模式对接）；

（c）连接用户与政策颁布者、控制者、投诉服务或与行政部门联系者之间更为间接与偶发的关系，所有这些关系可以用一个词——"声音"来向媒体求助，其他网络更倾向于使用"退出"一词，对这种关系总体上我们可以相应地用消费者对企业的C2B网络模式来描述；

（d）最后是用户间的直接关系，也就是C2C电子商务模式，但是它是数据交换的拓展应用，尤其在音乐领域，同类人之间产生了P2P（用户群之间）的互联网信息交换模式。

这些网络相当于学习场所，更特定的兴趣团体和新的实践形式在这里发展起来了（拥有特殊兴趣和新兴实践的团体在其中发展壮大）。这些结构涉及的关系日益分化，重组成初始领域。联系的多样性加强了已经建立的人际间的组织形态的可塑性。

这对涉及的生产流程、价值创造、社会化进程和产品增值之间的关系具有重要意义。市场的三方属性（供给、需求、中介结构）被上文提及的网络结构引起的中介环境的分化推翻。

关于消费，信息网络和新的社会群体极大改变了消费者的行为。新的消费群体不断出现，营销人员发现很难跟上变化。生产者不再卖力推销产品，他们更多地听取需求，虽然需求有时极不稳定。消费者间和用户间的交流促使新的商业模式出现，至少促使商业模式分化。这与通过对正常生产成本进行加价来确定价格的模式和以社会各阶层收入增长所允许的速度复制相同生活方式（美国式）的消费模式相差甚远。

在生产方面，新的行动手段使公司能够发展外包工作，通过国内外合作享受新的服务，从而使竞争进一步加剧。因此，为了保持或发展自身在不同市场中的地位，公司被迫通过不间断的产品创新（通常是增量的）、过程创新（通常依赖于新的合作或建立新网络）甚至通过发展与用户/消费者的新关系等多重手段来创造盈收。与此同时，组织模式也发生了深刻变化。抛除泰勒式方法和内部发展的组织化模式，企业还以多种不断变化的方式培养应对外部演变的能力，同时把自己的"外部"战略关系放在首位。

在当今世界，供需形成过程之中的关系已在

多个层面上得到发展,我们已经可以看到新的相互依存的关系在复杂交错中日益紧密,这意味着对责任和参与方的重新定义。①

世界的动荡与重组

在当今世界,生产活动超出企业的经营范畴,消费者根据不同资源进行学习并参与生产,交易性质的界线逐渐显现(通常是非物质性的),我们应当重新审视监督机制。很明显,大多数代理人战略眼光的拓宽是新制度的主要构成因素,这不在于新技术的单一传播,其他两种结构性变化也是影响因素:教育水平的提高和更密集的国际化形式的发展。

行为人(代理人)战略能力的演变影响了人类活动从经济到政治以及家庭的不同领域。在经济活动领域,非物质性对财产和价格的概念,诸

---

① Voir PETIT, P., « Responsabilités et transparence dans les économies fondées sur le savoir : une vision régulationniste des changements institutionnels contemporains », *Economies et Sociétés*, 2003.

如消费或生产进程的概念，提出了质疑，要求对其进行区分。人们倾向于使用在学习进程开始前就确定的经济代替生产和消费流经济，也就是资本存量（包括人力和物力）发挥着关键作用，其中生产动力分为家庭领域的（在使用中学习，"自下而上的"革新，市场的新型社会化嵌入）和政治领域的（对财产权利的新形式进行定义，对广大参与方整体的责任共担重新定义，出版卫生规范，风险共担机制，实施认证）。透过某些表面现象我们看到越来越多的人使用市场机制，这也意味着更为复杂的市场得到了日益复杂的体制结构的支持。

对家庭和政治空间的重新定义

如果我们考虑家庭的活动范围，那么我们会观察到相似的溢出效应。随着工作形式的演变、工作距离的变化、可控任务的增多、知识结构的建立及其实现造成的时间和地点上的不确定性的出现，家庭领域和经济领域的分离使二者之间形成了一个巨大的模糊空间。消费活动亦是如此，

信息传播技术和新经济：在幻影与奇迹之间

除了更加个性化的影响，我们看到商人和非商人之间、私人和公共之间的界限在不断变动，我们称之为道德范畴，也就是人与人之间的关系，一直到人与自然的关系（以及他们对生态活动的表述）。

政治活动领域也不例外，大量的对空间的重新定义意味着所谓的知识型经济的出现。一方面，广告和市场商业活动取代了大量军事活动，它们大量运用各种媒介手段，这在之前的每场重大选举中都有体现。另一方面，一些原本可能被认为是家庭活动的活动，正试图通过"本土化"目标和一小部分相关"家庭"在政治领域获得影响力，它们通过媒体曝光和互联网秘密协定效应，将其政治功能与大量非政府组织相类比，它们是真正的新政治生活的土壤。这些现代的国际化形式加深了我们前面所描述的动荡程度，其中信息和知识的流通就像金融流通一样，迅速发展起来。

与之对应，所有改革的监管方案都倾向于围绕相同的市场自由化原则制定，它们很少随着生产和消费、学习和创新之间边界移动的特殊性来变化，而这些是现代领域变化的特点。决议方案和监管机制通过一定方式提供了明显不确定情况下相应的管理工具。有争议的市场问题或委托人/代理关系的问题，伴随着20世纪90年代的自由化政策，发挥了这一过渡作用。

一种新经济？

根据新的结构条件真正发展起来的新经济要面对一些由制度变化引发的问题，这些问题考虑得更多的是产品和消费、学习和创新之间新的联系。我们还掌握了不少方法来支撑学习过程，这个过程可以弱化代理能力之间的不平衡。我们认为，这样一种动力本应在网络经济中产生积极的驱动效益，但过去二十年间，过于静止的市场自由化原则的应用似乎无法为其带来有利效应。

这种普遍的经济自由主义主要受金融发展的驱动。危机过度分化通常使人们变得目光短浅，由此导致了全球金融危机，我们应该从中吸取一些教训。出现在我们面前的由环境恶化带来的挑战要求我们民主地、集体地建立和追求新的发展模式。在这些动力中，新技术所带来的创新、协作和学习能力能够发挥好的作用。正是在这种艰难的条件下,(经济)调节需要国家和国际社会的共同努力,这样"新经济"的概念才能找到充分的证实理由。

作者:帕斯卡·博迪(Pascal Petit)[①]

参考文献:

CNIS, *Rapport du groupe de travail du CNIS (Conseil National de l'Information Statistique) sur l'observation statistique du développement des TIC et de leur impact sur l'économie*, Documentation Française, Paris, 2000.

GADREY, J., JANY-CATRICE, F., *Les nouveaux indicateurs de richesse*, Paris, La Découverte, 2004, [coll. Repères].

SCHILLER, R. J., *Irrational Exuberance*, Princeton University Press, 2005 (2nd Edition).

---

① 帕斯卡·博迪,经济学家,法国国家社会科学研究院研究主管。他同时在巴黎北方经济中心(CEPN)及巴黎经济研究和应用中心(CEPREMAP)从事研究工作。研究范围有技术改变、经济增长和就业,对当代经济发达体的制度性对比分析以及竞争力和国际化形式分析。

SPIEZA, V., *Measuring ICTs Impact on Growth : a Survey of Recent Findings*, Paris, OECD, 2009.

TIROLE, J., *The Theory of Industrial Organisation*, Cambridge, MA : MIT Press, 1993.

传播：经济分析新理念

如果不是在远距离通信经济这一极其特殊的形式下，我们就不会在经济领域中经常碰到传播的概念。同样，我们在理论专著中也找不到传播经济的概念，它只出现在经济文献中，经济学家以此诠释他们文章的应用范围。即便信息经济覆盖的领域很广，但信息不等同于信息经济。

这不意味着传播脱离经济分析，而是意味着传播是经济分析的一个概念。经济分析认为可从以下两个维度对传播进行考量：一方面，经济主体之间的信息交换体系；另一方面，网络产业。如果人们想用信息通信的科学术语解释企业传播和传媒产业，就要用到经济分析的概念。

在第一部分，我们将探讨企业传播。这是被其他学科普遍忽视的一个领域，确切来说就是一个被经济学家普遍忽视的领域。第一部分为我们提供了一个回答为什么传播一词不是经济概念的机会。在第二部分，我们将要谈论传媒产业，但我们同时探究的还有相关概念而非行业分析的观点。因为本文的关键在于探究经济学能为其他学科所命名的"传播"提供的相关分析。

传播作为主体之间的信息交换体系

我们将"企业传播"理解为企业中个人或者团队与他人进行合作时的信息交换，而非广告公司的一种"传播计划"。经济学家们会这样探讨这一问题：企业中最有效的信息交换体系是什么？经济学家建议用这种方式，也就是将实际情况以精炼的方式简化为一个简易模型，这个模型可以让我们得出一些基本原理。但在阐述这一贡献之前，应该首先明确这个问题在经济学分析中被长时间掩盖的原因，因为正是这个原因解释了为什么传播这一概念在经济学家用语中是缺失的。①

缺乏传统经济分析的传播

我们只看到了对于传播这一概念的缺失的一种解释，那就是经济学家不需要这个概念。

这是一种悖论，因为商品交换的地点即市场涉及信息交换。同样，集体生产一件产品时也需要信息分享和"传播"。信息交流及传播中存在的问题本应是经济学家对两大要素——生产和市场进行分析的核心。为什么实际并非如此？这和两大要素的本质含义有关。

市场受代理人之间财富交换的限制，会趋于选择一种理想化的计算方式（企业盈利或消费者购买力），这种计算方式的依据是市场这一把控者所传递的价格信号。价格是主体之间仅有的联系：这不取决于任何先前存在的社会结构，二者之间的信息是完善的。以下假设存在相互关联：如果

---

① Publié sous le titre《Une économie de la communication》, p. 169.

信息是不完善的，则需要考虑信息是如何进行流通的，包括如何在市场之外的社交网络进行流通。除此以外，像格兰诺维特（Granovetter）这样的社会经济学家在分析劳动市场是如何运作时，也不可避免地谈到了用于招聘的人际交流网络——社交网络（Granovetter，1995）。完美信息的假设从本质上排除了市场运作中所必需的信息交流系统。至于产品，它被视为一个黑匣子，一个将生产要素（资本、劳动）转化为产品的不透光的机器。因此实在没有必要分析信息流通的方式影响企业生产效率的方法。

以上这些在今天已经发生了重大改变。信息不完善对市场和组织机构造成的影响成为经济学家从今往后分析和关注的重点，[1] 然而"传播"依然不在其关注之列。因为信息流动的结构，无论是市场的社会结构还是组织的内部结构，仍然没有被考虑在内。这是由于经济分析的突出特点是具有物质属性，即市场和组织机构中的竞争，它所研究的是非合作因素。

---

[1] RALLET, A., « Les deux économies de l'information », *Réseaux*, n° 100, 2000, p. 299-330.

以损害双边关系的信息不对称为例,人们不会对代理人在合作中解决问题的方式产生怀疑,比如构建自身传播体系,但是对于如何通过一种激励机制(代理理论)使掌握信息的代理人将信息披露出来仍存在疑问。问题就是如何引导未合作的代理人通过一种近乎市场化的机制来交换信息。激励理论将会取代传播理论,也就是合作理论。

不过这个规则也有一个例外,即为了研究企业中信息传播系统的重要性而发展起来的企业合作理论。这一理论比较边缘,但是在20世纪50年代取得了重大进展。

传播和组织化设计

研究的目的在于分析不同信息结构和企业可能作出的决断的有效性[①]。重点在于选择可以使企业效率最大化的信息结构(组织化设计)。可推荐的专著和范例有很多,其中具有开创意义的研

---

① 尚不存在专著介绍这一专题。

究工作是由马沙克(Marshak)和拉德纳(Radner, 1972)以及艾睿(Arrow, 2003)完成的。在这里我们只提供一个研究的整体概貌。

上述研究工作所提出的问题是什么？人们认为个体是为了实现一个共同的目标（完成一项任务）而被联系在一起的，比如一个工作团队或一个企业。这就是为什么我们使用合作理论一词，"合作"是让人一下就能明白的。企业（或者团队）从环境中获取信息（比如消费者的偏好），这些四散的信息首先被聚集在一起，然后被人们分析和处理（客户关系管理数据库），人们从而做出最佳判断（有区分性的定价、产品个性化等）。我们假设雇员的理性是有局限性的：任何人都无法单独整合处理信息，因此即使他收到了全部信息，也要进行信息共享，但是他的沟通能力也是有限的：信息共享即意味着花费时间。的确，沟通需要花费时间，并且要求在信息编码或信息的形式化处理上下功夫，同时也就意味着选择和阐释接收的信息。

信息处理能力（信息分享跨越信息界限的必要性）和沟通能力的局限性是限制工作效率的两大方面。我们能够通过制定一个效率标准，比如收集数据的速度（到达顶峰的时限），来分析不同组织结构的有效性。一个组织可以用形式不同的等级树状图来表示：等级可以是规律的（每个代理手下都管理着同样数量的代理，比如两个），也可以是不规律的；结构可以很宽（层级数量少），也可以很窄（层级数量多）；等等。每个代理都会收到他的下属代理的信息，这些信息被综合概括成一个新的信息单元，传递给他或者他们更高级别的上级。这个过程一直延伸至最顶层，直到最高级别的负责人能够做出决定。我们可以根据结构类型计算出收集信息的速度，也可以根据源自环境的数据规定用途的相关假设来判定（这些假设是以相同的方式在基础员工之间传播还是按照专业化的原则集中在某些员工身上并进行传播呢？）。

信息流通的呈现方式看起来很基础，但是它可以让我们比较信息结构类型的有效性（通过数字模拟演练），证明在企业处于轻微不确定状况下最有效的结构（少量从外界得到的信息）并不适用于企业处于极度不确定状况之时。

其他研究也试图分析分散结构相比于集中结构的有效性。这种分散性可以用更短的信息收集循环链来解释。参与者证实,将能够不断互相发生作用的团队或个人重组在同一个集体中会更加有效率(这一假设的根据是信息在团队内部传播比在团队之间传播要更节约成本)。还有其他研究分析了分散模式(集中化)和集中模式(去中心化)的组织的能力,以避免项目选择上的错误。

组织从本质上来说是复杂的,这些研究只是给出了一个不完整的组织概貌。研究意图不是要建立一个有关传播结构的普遍理论,而是侧重于分析一些较为突出的问题,并提供一些对比计算传播有效性的方法。另外,比如考虑到信息传播技术可以减少信息处理和传播的成本,但同时又能够增加处理和传输的信息量,因此本研究想要提供一种研究信息传播技术对信息结构影响力的可能性。这种影响力还不明显,因为信息传播技术自身不能促进中心化和去中心化。目前存在的共识是,组织模式的选择越来越多地来自企业的市场营销策略;信息传播技术仅在适应环境规定的组织选择范围内才能进行运作。

传播：从产业到经济机制

传媒产业已是许多经济分析领域的研究对象，无论是远程交流经济，还是媒体或视听传播经济及其分支（电影、报刊、视频、游戏等）。这些研究的目的是突显这个产业从生产、分配到消费各个环节的特性，尤其是涉及文化产业时（通过观众、明星效应、版权、"文化多样性"等方式筹资）。但是这些分析都没有把"传播"作为一个经济概念来研究。

然而，我的假设是，传媒作为经济范畴出现，源于一个新现象：互联网。本文将首先追溯一些基本事实，它们可以证明互联网是传媒经济的基石，随后我将进一步论述支撑或能够支撑此分析的观点。

互联网或是"信息与传播概念广义上的相互关联"

对于互联网，经济学家和社会学家有着相同

的重大疑问：这一现象背后的新颖之处在哪里？其特点又是什么？这是网络经济学或网络社会学研究的核心问题。自然，人们会拒绝承认这个专有名词，并认为它没有任何独特之处可以证明它能够成为一个研究分析领域。鉴于我所在的经济学家小组致力于为互联网经济学研究（Brousseau and Curien, 2007）"正名"，我也将站在这一立场上，但我不会对其他学科妄下结论。

  为什么要谈网络经济呢？因为互联网除了是一个庞大的全球网络的技术载体之外，更是这个网络所带来的数字化经济的孵化器与实验室。我们把互联网经济称为经济活动总体的数字化延伸，尤其是其中的经济协调领域。下面我将简要描述互联网经济的历史。

  最开始，只有通信网络。传播仅限于通话，运营商之间的垂直整合使得基础设施最终可提供此项服务。通信（服务）事实上已与其网络（基础设施）合二为一。于是，网络的技术经济性分析代替了电信经济，整个行业也从单极垄断走向开放竞争。为了分析这个产业中可能存在的竞争方式，电信网络经济在二十世纪八九十年代应运而生。技术经济性分析以供应为中心，电信经济则将重点放在需求及其决定因素之上。在这个框架之下，为了理解"预定需求"这一行为，"网络效应"的概念逐渐发展起来。根据其定义，商品或服务带来的效用取决于使用它的个体数量。网络效应的存在深刻地改变着市场的动态。

随后通信数字化改变了通信网络。电信的世界被信息科技入侵，比如在微特尔（Wintel）[①] 成功模式基础上发展出来的苹果公司综合模式。互联网的发展象征着通信网络正在瓦解——这是信息技术的去中心化模式造成的，这种模式的运行基础是市场标准化，不同于先前的电信网络——其行业标准由相关核心机构制定。这个去中心化的网络[②]意在成为线上商品经济发展的载体，其中包括传媒、信息、中介以及交易等服务（物质财产或非物质化的内容）。

在同一平台上提供各类服务，意味着我们可

[①] 指 Microsoft 与 Intel 的商业联盟，该联盟成功地取代了 IBM 公司在个人电脑市场上的主导地位，所以也称其为 Wintel 联盟。这是被媒体广泛使用的一种通俗用法。——译者注
[②] 网络去中心化的特点使智能网络在终端和机顶盒的获取方面回归地方化。在网络内部，驾驭者取代了消费者。网络的去中心化无法阻挡美国政府对核心命脉的管控。

以将其归纳为"融合"的概念。何为融合？早在二十世纪八十年代，借助数字化融合电信产业、信息技术和内容这样的设想就已屡见不鲜，只是它们从未通过预言中融合终端、市场或是参与者这种形式实现。互联网的到来和普及让融合正以另一种方式实现：通过宽带平台将各类终端与各式服务连接在一起。目前，这张"网"上的产业间"战役"主要围绕两个问题进行：谁掌握着这些平台（微软：网络运营商；谷歌：数字社交网络、内容提供者）及这些平台带来的附加价值是什么。

传播之所以可以成为一个经济研究类别而非某个领域的下属分支，是因为线上商品经济的（艰难）起步。在这里，在线市场经济的传播属性与可能涉及所有经济活动的服务的发展密切相关。

网络效应和线上服务市场的起步

线上商品经济仍处于起步阶段。出于司法和经济方面的原因，其市场仍不成熟。司法方面的原因已为人所熟知：重要主管部门的缺席是网络在市场中发挥作用的阻碍。经济方面的原因则与网络效应有关：它使市场的起步受阻，但同时也解释了为什么难关被攻克之后市场指数增长会异常活跃。

网络效应的角色并非始于今日，在网络发展之初与电信竞争时，它就已十分活跃。1974年，当时还在贝尔实验室工作的杰夫·罗尔斯（Jeff Rohls）[①] 在一篇文章中以"网络效应"为名将其正式化。但直到八十年代末九十年代初，这个词才被广泛使用。通过观察基于此原理发展的各类产品或服务，我们不难找到解释：除了传统电话业务，还有银行自动取款机的网络、传真、磁带以及操作系统、办公软件等等。

互联网具有全球规模和数百万用户，是网络效应的新共鸣箱，这个被放大的共鸣箱与信息产品的特质一道，令线上市场的发展面貌独一无二。

网络效应下，服务的价值取决于使用者数量。结果，服务本身的特性不再是决定消费选择的唯

[①] ROHLS, J. H.,《A Theory of Interdependent Demand for a Communications Service》, *Bell Journal of Economics and Management Science*, 5 (1), p. 16-37, 1974.

一因素——它甚至已不再是主要因素,而最重要的影响因素变成了此项服务在用户中的传播广度。过去,产品因优秀而得以售出,而今,产品因得以售出而显得优秀——消费选择的因果互易。信息化财产的特点促成了与之相应的"新公共经济"的建立。它的运作不再是国家的提议,而是各类团体(社会群体)行为的结果。由于信息产品在交换中具有不可消亡性(非对立性)和排除任意消费者的困难性(非排斥性),因此其市场的形成十分困难,因为总是会有那些愿意免费出让信息产品的所有者,尤其是在这样一个缺乏集中管理且具有如此规模的互联网上。最终,信息产业的再生产成本变得可忽略不计,这就让"免费"具有了经济意义上的合理性,因为当收益和边缘价格相等时,提供者的利益最大化,不过在这里边缘价格为零。

线上市场也暴露出了三类问题:起步、起步后的异常活跃及其经济模式。

它的起步碰上了"鸡与蛋"的问题,这是它初期的特点。线上服务事实上也包括不同参与者提供的附加产品(网络服务及其内容,开发系统及应用程序,终端及内容,交流服务以及终极服务或内容……）。市场的发展也意味着事前的协调难以付诸实践，因为竞争会分化那些为了自身利益而追逐未来市场收益的参与者。因此，在传统网络效应的影响下，互联网世界增强了间接网络效应（产品的价值不取决于其使用者数量，而是取决于附加产品的使用者数量）。

一旦起步的难题得到解决，市场就会异常活跃，这归功于网络效应以及信息产品的免费趋势。很快，垄断地位就会形成，比如靠用户数量生存的数字社交网络的使用，只要某一平台在某时刻更占优势，便足以让其余竞争者都退出市场。因此世界级垄断的形成往往都十分迅速（谷歌、脸书、推特……）。这些巨头，不像在传统经济中那样只需要依靠生产条件，而是更加注重需求；所有人其实最好都使用同一个标准。矛盾的是，这些"公共的"信息技术产品往往建立在"私人的"垄断之上，比如微软（开发系统）或者谷歌（搜索引擎）。

最后，从经济计划上考虑，产品的免费性会遇上赢利和刺激机制的问题。这就需要从生产第一件信息产品起，便有利可图，否则它将不会被生产。如果公共财产和信息产品的本质不能证明新的经济模式的存在，那么这个难题应该被绕过、忽略不计。一方面，通过团体模式（免费软件）或者其对立面（像微软一样的垄断者，能够通过回收几乎被垄断的老产品获取的利益来投资新服务），在生产中探求新的经济模式；另一方面，基于新的消费方式的需要，在消费中探求新的经济模式。

让我们把这种新兴的在线服务经济称为"通信经济"，它是离线服务在经济方面的再创造，其特点是网络效应在其中发挥着直接或间接的重要作用以及将信息产品界定为公共产品。

结　论

至此，传播还不在经济学家的语言可定义的范畴之内。没有明显线索表明什么可以被称作"传播经济"。但是这种情况正在改变——我们已注意到这种改变释放出的两个信号。

第一个信号和经济主体间信息交换结构的研究进展有关。考虑到信息不完善这一难题，这一问题常常被忽略，原因在于完美信息的假设以及非合作因素占主导的研究方式。三十多年来，这个问题一直是经济学家的工作重点,他们致力于研究企业处于不确定状况时最有效的传播结构。

第二个信号则来自以互联网为平台的线上商品经济发展。这类经济活动并非只与某一经济部门相关,而是潜在地与所有有着某些共同特点的部门建立联系。在公共产品经济的背景下,这类活动由强大的网络效应主导。它的市场发展方向是特定的,且相关分析正在描绘一幅线上经济的蓝图——与线下经济将有着天壤之别。

一个同样的理念将这两个方面联结起来:在当代经济中,无论是在公司内部还是在市场上,经济主体的行为均取决于强加给它们的集体结构。它们的理性也因此具有局限性。在传媒经济领域中,集体选择的相互依存要先于个体选择,但个体选择并未完全沦为附属品。这就是除开个别原因,传媒经济仍可作为一个概念的论证。

作者:阿兰·拉莱特(Alain Rallet)[①]

[①] 阿兰·拉莱特,南巴黎大学经济学教授,他指导研究中心对工业和社会进行动态分析。他的工作侧重于研究信息和通信技术对经济体系的影响,比如:组织和市场转型,经济活动地理分区,在线服务市场的发展,新的生产模式和知识共享。

参考文献：

ARROW, K., *Théorie de l' information et des organisations*, Paris, Dunod, 2003.

BROUSSEAU, E., CURIEN, N., *Internet and Digital Economics*, Cambridge University Press, Cambridge, 2007.

GRANOVETTER, M., *Getting a job : A Study of Contacts and Careers*, University of Chicago Press, Chicago, 1995 (2nd Edition)

MARSHACK, J., RADNER, R., *Economic Theory of Teams*, Yale University Press, New Heaven, 1972.

公民在博客中所扮演的角色[1]

博客,既是交流工具,也是通信手段。人们通过博客发布公开内容,与他人进行互动,这种交流方式因此与众不同。通过博客,记者脱离本职工作,发表个人言论;面对公众舆论,专家带来独到见解;民众将当地的事实真相曝光;老百姓谈论时事政治;反全球化分子为制造国际争端蠢蠢欲动……"公民博客"时代的快速发展,提高了诸如伊拉克战争、伦敦恐袭、亚洲海啸等热点事件的曝光度,近几年来网民在几大选举中的作用也得以彰显。

本文试图抛开数字范畴内博主与评论者之间

---

[1] Dominique Cardon,《Le style délibératif de la blogosphère citoyenne》, Hermès, n°47, 2007, p. 51.

市民式对话的属性。如今，传统媒体与电子媒体之争究竟胜负如何？博客对于社会风气和政治竞赛所产生的影响究竟怎样？人们众说纷纭。本文为解答上述问题提供了不可或缺的前提条件。

"自由"到底是什么？

博客使生活公开透明，易于接近。对于那些孤僻的人来说，博客简化了（或者说即将简化）他们靠近公众领域的方式。如果政治和媒体专业人士没有主宰公共舆论，如果没有垄断舆论的更新和政治话语的多元化，那么博客发表形式的简化就能使个人互联网发表（诸如互联网发表系统、维基百科、博客、社交媒体）成为可能。对于这些身份界定不明晰的新市民博主，描述其社会属性依然不是一件容易的事情，然而描述其博客发表形式是如何形成的却成为可能，博客发表形式的形成促进了表达能力的提高。

互联网言论民主化政策的形成因"公开发表"原则而更加极端化，举例来说，民众在"自媒体"（indymedia）上公开发表言论是不受任何限制的，

公民在博客中所扮演的角色

但自媒体的自动筛选功能却能够甄别网友言论的对与错。在博客里,发表博客不必依照固定格式,不必遵循规则,也不必局限于事实性报道。与之相反,如果博主有独到见解,就会吸引网友阅读,从而形成一种阅读—评论的循环。这种公开模式以互动的方式运行,从而具有互动性、持续性与活力。

与传统媒体只针对目标人群有所不同的是,博客的用户不断对其格式进行探讨、调整与完善。因此,如果有人在博客中发表一些偏执不公、晦涩难懂的言论,往往不能吸引大众的注意力,只是哗众取宠罢了。博客空间里的人际关系网络反映出一个等级分明的世界。其中一小部分核心博客被阅读、评论并且相互引用,从而掩盖了某些未被阅读或很少被阅读的博客,后者在自己的小团体中相互引用,并妄图通过援引知名博客获得互惠。① 读者与评论者在真正的公共领域里公开发表言论，并将其视为可视性对话，而博主的能力就在于吸引这部分读者与评论者的注意力。谈及博主的能力，与其说是编辑博客，不如说是与公众进行互动。否则，博客没有人看、没有人读、没有人评论，那就应单纯地被视为一种私人空间了。②

通过确认自己是公民，发表意见者对自己和他人进行定义，该定义与以亲和力标准选择社区形式、对私密博客发表匿名评论或者和熟悉的博

---

① HERRING, S. C., KOUPER I., PAOLILLO, J. C., SCHEIDT, L. A., TYWORTH, M., WELSCH, P., WRIGHT, E., YU, N., 《Conversations in the Blogosphere. An Analysis " From the Bottom Up"》, *Proceedings of the 38th Hawaii International Conference on System Sciences* (*HICSS*-38), Los Alamitos, 2005.
② 关于互联网上的种族主义、反犹太主义和毫无根据的言论的争议，部分原因是对网络可视性分层架构中信息所具有的十分相对的"公共"属性的误解。在 www 的阴影中找到一些可疑声明确实是非常容易的。然而，要找到它们，必须在搜索引擎上明确搜索范围。一旦获得相对高的知名度，网络上的可疑信息就会被系统地质疑、拒绝，并被那些有权访问的人热烈地讨论和谴责。因此，信息的可视性和质量携手并进，批评互联网不可靠的人常常忘记了网络不是一个统一且均匀的公共空间。

客进行日常沟通不同。

在博客中，政治公共领域[①]有三个十分灵活的话语规则：1. 匿名发表的出现减轻了发表者的责任和义务，公开发表有时并不合适（侮辱性话语、针对性攻击、无依据言论等）；2. 由于不完全统计和有待商榷的策略，对于事件的评价受到限制；3. 当人们看法一致时，对多维领域的评价要求往往不能兑现。这些规则没有随着发表限制的减少而消失（一旦违反，博主还是能想起这些规则）。简而言之，公民话语渗透到博客的发表形式中（抒情话语、个人言论、风趣幽默的演讲等），而博客的技术特性大大增加了人们遵守限制的不确定性。

人们并非生来就懂得遵守规则，而是随着在博客中与其他人公开对话逐渐认可、接受。来自不同群体、具有不同社会地位的人以及形式上的交流，使得公开发表不仅具备公共性特点，还具备公民特质。毫无疑问，公开发表的形式来源于评论者不断吸收接纳其表达内容，这种吸收接纳

[①] CARDON, D., HEURTIN, J.-P., LEMIEUX, C.,《Parler en public》, *Politix*, 31, 1995, p. 5-19.

从未达到如此中肯而又具备现实实践性的程度，在此过程中，评论者使得博客具备可视性。

发表所应承担的责任

尽管责任还不具备系统性，但博主公民身份的弱化是公民博客的一大特点，这有别于匿名和假名占主导的其他形式的博客。博主对于热点问题的评论性表达使得其名字能够最大限度地曝光于公众视野之中，也为人们和他的接触提供了便利。

然而，与传统媒体有所不同的是，隐藏评论者身份更能被大众接受，尽管这样做有违责任原则，却与公众话语息息相关。作为一名博客评论者，阿兰·利佩茨（Alain Lipietz）表示："为什么我们在博客上常常收到匿名消息呢？我们参与论坛讨论，这样的方式却助长了匿名评论现象。我并不了解别人的看法，这让我很困扰。"像其他公民博主一样，阿兰·利佩茨做出了这样的回答："在网页上发表评论无伤大雅，而我收到的私人回复（电子邮件）却比公开回复（论坛网页回复）

要多。后者属于匿名和假名的文化范畴。我对此并不反对，但我会阻止对他人的侮辱谩骂或明显是私人的和偏离主题的信息。"

博主赋予了信息形式和身份上的多样性：人们畅所欲言——亲朋好友、法律条令或是激进小团体发表的无禁忌言论，都是人们打趣或者挖苦的对象。公众意识的淡薄使得发表评论者，至少是部分发表评论者认为他们不必再为自己的言论负责。在公民领域，发表被禁言论的自由起源于私密博客。博客内容简单直白，通俗易懂。博主带有个人感情和主观色彩地创作博客，随之而来的是打探事实内幕和个人隐私，制造流言蜚语，或者展开带有些许火药味的争论。自由度和非正式性正是这样的发表模式的吸引人之处。记者让-米歇尔·阿帕蒂（Jean-Michel Apathie），政客阿兰·朱佩（Alain Juppé），编辑盖伊·比伦鲍姆（Guy Birembaum），即便是这样的人，也会区分博客中的公开正式发表内容与私人非正式发表内容的不同，这便是博客话语方式的特殊之处。

公众领域是否存在分裂?

允许不同观点相互碰撞、相互对立——人们对公民式发表能否达成共识?网络难道不倾向于选择同质化的网站和评论员,从而形成紧密的宗派圈子,达成一致意见(Sunstein,2002),并优先向媒体展示自己的政治倾向吗?[①] 这些圈子大同小异,这无可非议,却也印证了公民博客的关系纽带与其他类型博客的关系纽带之间存在很大差异。

首先,通常情况下,网页中的友情链接越多,评论者的数量就越多。网站之间,特别是媒体网站之间、党派网站之间的链接形式多种多样,联系紧密。博客与新闻报刊界和政治界密不可分。对于博客来讲,至关重要的是在网站排行中拔得头筹,这样口碑与声誉也就送上门来了。而对于博主来说也是同样的道理,为了博客的口碑与声

---

① LEV-ON, A., MANIN, B., 《L'internet : la main invisible de la délibération》, *Esprit*, mai 2006.

誉，博主要想方设法与他人进行互动，赢得他人的关注。

其次，分析博客网站势必要衡量其与政治性网站之间的联系程度。举个例子，拉达·阿达米克（Lada Adamic）和娜塔莉·格朗斯（Nathalie Glance）[①] 在研究 2004 年美国总统大选期间美国的博客之后得出结论：民主党与共和党的博客内部存在十分紧密的联系。研究也发现 15% 的链接指向对方的博客。这一研究成果已得到 RTGI 公司（隶属于 Blogopole）的证实，该公司通过绘制法国博客空间图的方法证实了此项成果。政治色彩相同的博客的计算机集群存在不同，其不同点经由媒介网络通过连接点向外传播。极端化现象诞生于互引领域——构建了公民博客全球化生态系统——该领域内部依照博客的知名度划分了严格的等级。

极端化差异显著的领域之间的相互依存关系仍然具有争议。2005 年春季期间开展了有关欧洲

[①] ADAMIC, L., GLANCE, N., 《The Political Blogsphere and the 2004 US Election : Divided They Blog》, *2nd Annual Workshop on the Weblogging Ecosystem : Aggregation, Analysis and Dynamics*, WWW2005, 2005.

宪法草案的全民公投，有些网站发起了"支持"和"反对"的投票，① 研究显示，网络上"支持"与"反对"两大竞争群体在结构上的联系十分紧密（特别是反对阵营内部）。不仅如此，在两个阵营内部，有相当多的链接指向了相对阵营的网站（特别是支持者转为反对者的现象尤为突出，似乎是希望成功应对那些持反对意见的网民）。反对网民同质化论调的政治性博客特点鲜明——如果这些博客里存在许多可以分享自己观点的人，那么这些博客绝不会切断与其他政治性博客间的任何联系。

政治性博客的读者也只是被那些言简意赅的文风和针锋相对的争论吸引，这种现象在几大具有代表性的公民博客中更是显而易见。言语互动在这类博客里比比皆是，要么中规中矩，要么言辞犀利；要么言简意赅，要么絮叨啰唆；要么云山雾绕，要么索然无味；要么有理有据，要么不容置喙。这样的互动虽然长，却也条分缕析。毕竟人与人之间活跃气氛的能力并不一样。评论者

---

① FOUETILLOU, G., « Le web et le traité constitutionnel européen. Écologie d'une localité thématique compétitive », *Réseaux*, n° 144, 2007, p. 279-304.

为了一个话题展开讨论,有时也会完全脱离最初的话题。不同的观点互相矛盾,从而引发了笔战。这样富有活力的互动方式直接赋予了发表形式以多样性,进而赋予了发表者作为公民所发表的言论的多元性与争论性。

公民式的公开发表打开了话语领域的新大门,促进了思想的多元化,发表者不因自身社会身份被划分等级,人人享有平等的话语权。在其他类型的博客中,人们可以忽略不感兴趣或者不符合中心思想的言论,而公民博客与此不同:对诽谤者作出回复,与网友展开讨论是博主的职责所在。

作者:多米尼克·卡尔顿(Dominique Cardon)[1]

参考文献:

SUSTEIN, C. R., *Republic. com*, Princeton, Princeton University Press, 2002.

---

[1] 多米尼克·卡尔顿,法国电信公司 Orange 的 SENSE 实验室研究员,社会运动研究中心(CEMS/ EHESS)副研究员。他的工作集中于对互联网中的社交网络、在线身份的形式、业余自我生产以及大型在线社区的合作与治理形式的分析。

信息社会的新型工具：社交网络

　　信息社会中社交网络的存在就像工业社会中大众媒体的存在一样。要给社交网络下一个清晰的定义并非易事，大体是指近些年网络在团体性和参与性方面有了一些发展，通过诸如Facebook、Myspace、Dailymotion以及近来兴起的Twitter这样的社交网络，网民们可以参与互动。

　　2003年3月Friendster的出现标志着社交网络的出现。几个月后，Myspace在美国投入运行，尽管提姆·奥莱理（Tim O'Reilly）从2004年就开始使用Myspace了，但其真正被熟知是在2007年。随后，社交网络火遍全球，截至2009年一共吸引了数千万的粉丝。尼尔森的数据显示，2009年8月，在澳大利亚、巴西以及大多数欧洲国家，有2.769亿人使用电子邮件,而有3.01亿人使用社交网络。社交网站是否从电子邮件的衰落中受益?答案是否定的。流行趋势在新信息通信技术中扮演了重要角色。

从四个方面解读参与性互联网

谈论社交网络,重要的是要区分类型各异的多种现象。

——有出版权限的新兴传播方式的出现。这类方式相对自由,就像绝大多数博客空间、在线短视频播放网站YouTube、图片分享网站Flikr以及其他所有类似的网站。举个例子,在备受欢迎的YouTube上,人们毫无交流可言,人们看视频,偶尔评论一下内容质量,仅此而已!

——网民们有足够多的空间互通有无,尤其是在政治性和主题性的博客中,比如信息专家、技术人员交流分享。需要说明的是,这类博客等级分明,领导者、参与者、观察者以及访客身份不同,博客的应用版本也会不一样。

——像人们常说的那样,网络为人们结识朋

友提供了可能。不同的人使用网络的动机千差万别，上班族使用商务网，艺术工作者利用网络找寻客户和粉丝，年轻人喜欢相亲交友网站，人们能够通过网络创建一个数字化身份，获得一个虚拟声誉。

——平台的创立使得人们能够快速交换信息，抒发情感并迅速做出判断，平台上充斥着源源不断的无用言论及碎语闲谈。Twitter是一个微博客，最多能发送140个字符——相当于两个短句的长度，可与手机发送的短信息或者网页即时通信相提并论。

正如人们所观察到的那样，脱离了社交网络的社交性是一个多变的几何学概念。从喋喋不休到虚拟群体，从信息扩散到自由分享，从危言耸听到正面报道……"Twitter"在法语中被翻译成"鸣叫"，指我们在网络上发送的信息犹如鸟类发出的鸣叫声。

网络公共空间

在参与性互联网上，尽管集体智能与协同智

能已经成型，但相应理论却寥寥无几。在新的公共领域中，谁是发言人，谁就享有权利。在这里，互助是家常便饭。简而言之，这里就是麦克卢汉的地球村……在网络中，人们想要成为怎样的人，就可以成为怎样的人，人们构建了一个或多或少带有幻想色彩的社会，人们能够选择朋友，想交流时就交流，像真人秀或是爱情小说的男女主人公那样生活。社交网络是否是一个将不同个体联系到一起的虚拟社群？人们在此分享自己的兴趣、见闻以及经历，像即时通信软件、博客和论坛那样，借助不同工具在网络上"相遇"并交流。社交网络是社群形成的必要条件，反之却不成立。一个社区，无论是否是虚拟社区，[①]都一定是由志同道合的一群人组成的。总之，一个社交网络要形成一个社群需要具备四个要素：

1. 所有成员的目标一致；
2. 为了构建社群规划一致；
3. 具备一个划分成员等级的社会组织；

---

① 虚拟社区里存在社会互动，这些互动，至少是部分互动，是通过信息媒体进行的。然后，社会关系的虚拟化带来了一些让虚拟社会中的成员不能忽视的变化，比如失控、匿名以及多重身份等等，但这个圈子的运转机制不会发生变化。

4. 随时间而形成的归属感。

事实上，几乎没有社交网络能满足这些要求，最多只有成员之间微弱的联系，就像多米尼克·卡尔顿①所说的，是一种不够真实的关系形式。1967年，美国社会心理学家斯坦利·米尔格兰姆（Stanley Milgram）提出"小世界"理论，表示世界上两个互不认识的人只需要通过平均6个中间人就可以建立联系，②人际关系网络的强大之处就在于此。试想有一天您遇到了您的偶像——麦当娜或是美国前总统奥巴马，这时您可以在短时间内把您的所有联系人召集起来一起做个游戏！某个政客一步登天，某个人一夜暴富，某个演员一夜成名，这些现象该作何解释呢？是得益于他的通讯簿？还是社交关系网？抑或他的朋友数量？新技术免费（或几乎免费）地将世界上所有网民联系在一起，匿名、非政治化、无主权归属，我

---

① Voir《Les réseaux sociaux créent des relations en pointillé》, dans *LeMonde.fr* du 14 octobre 2009.
② 米尔格拉姆（Milgram）的"小世界"理论催生了好几篇以社交网络为主题的论文。例如，尼古拉斯·贝蒙德（Nicolas Bermond）在其论文中指出社交网络是一种主要依托互联网开展活动的营销工具。

们在这样的社会里宛若没有家庭的流浪者，深深感受到的是孤独寂寞，而非人际联系。处在后工业时代的人们最需要得到认可。人们受制于对身份的需求，从而相信自己可以存在于网络之中，并通过网络方式存在。

公共与私人之间界限的变更

政治公共领域以公众舆论为媒介对国家和社会的需要加以调节。哈贝马斯将公共空间视为介于私人利益与国家权利之间的空间。哈氏展示了早在启蒙运动时期关于公共事务的讨论是如何通过质疑王室的专权以及创立自由且独立的思想共同体来建构的。18世纪末，在文学咖啡馆里传播的小册子使公众舆论初具雏形，并最终催生了新闻业。19世纪，政治报刊蓬勃发展，并逐步转化为大众传媒。哈氏还认为，公共意识受到了广告的毒害；受几大传媒巨头掌控的大众媒体（报刊、广播、电视）变成了统治阶层和权利阶层的附属品。网络的出现使得话语自由度提高，出版控制减弱。然而，在某些地方，在很多国家中，自由的新时代已经来临。我们在上文中已指出，由于互联网的分散性和丰富性，政府对其实施控制变得更加困难。

一直以来，人们为了公共与私人之间界限的变更而争论不休。卡尔顿（上文已经提及）认为，人们总是将公共频道与私人频道区分开来，后来创造出一种中间地带——明暗对比地带。社交网络蓬勃发展所带来的新奇之处在于私人交流在公共场合出现，即私人交流以一种"与众人交谈"的方式出现。在博客、Youtube 或者 Twitter 中，个人的私生活越来越多地暴露在公众视野之下，常常是个人生活的真实写照。内容的写实性备受追捧，给爱好窥探别人生活和爱好在公众视野下暴露自己生活的人提供了机会，但这更能反映出个人自我公开过程中的困境。互联网已经成为一个公众在此咿咿呀呀的交流空间，人的心理在此得到展现，这是一个脱离了政治化的公共空间。如今，处在身份危机当中，私人领域分崩离析。

根据阿兰·韦斯（Alan Westin）[①]的观点，私人生活是由四个要素组成的——孤独、亲近、含蓄、匿名。互联网打破了私人与公共之间的界限，腐蚀着人类。

私人话语的商品化现象

互联网使我们置身私人话语的产业化之中，并日益沦为病毒式营销的游乐场（对于卖家而言则是将推销员伪装成普通人的艺术）、社会营销的比赛场地，在这其中企业有可能与消费者建立个性化的关系，这种做法被称为"一对一市场营销"。2002年新信息通信技术席卷全球，我们必须认识到，尽管新信息通信技术已普及，但数字革命下的新型企业并不像我们想象的那样有利可图。就拿Facebook来说，微软曾在2007年投资了2.4亿美元，却只占1.6%的品牌份额，之后

[①] 阿兰·韦斯是哥伦比亚大学公共权力领域教授。自1967年以来，他出版了许多关于私人生活保护的著作，他还是网站http://www.pandab.org/.的创办人之一。他的主要著作如下：*Privacy and Freedom*，New York：Atheneum.

收益达到了150亿美元，同年，Facebook的收益只有1.5亿美元。为了使其1.2亿用户受益，Facebook推出一项计划——允许广告商依靠收集的Facebook用户信息来定位自己的广告。但其用户认为此举是对他们私生活的入侵，Facebook也因此放弃了此项计划。由于广告由传统媒体向互动性媒体转移，新型网络企业业绩下滑，人们也因此卷入社交网络内容的商品化浪潮之中：售卖往来邮件联系人信息，电子信息泛滥，通过邮件清理功能进行目标锁定，转售个人数据，假借个性化信息之名发广告……

通过公开一个人的活动、兴趣点以及阅读内容来公开个人身份的方式，用原始的手段打开了一个混杂着个人信息与公共信息的信息空间，这种方式对于个人私生活来讲未必不安全。在现实中，人们在社交网络中遇到的大部分人，其实不比人们在马路上遇到的路人重要多少；人们从Twitter上看到的信息其实不比在八卦新闻上看到的信息重要。消息总是及时而善变的。

另外，人们越来越重视消息的简洁性；不管是手机上的短信（SMS）还是Twitter上的信息，聊天只不过是持续性的交流。这是在大量信息持续涌入时进行通信的一种尝试，实现了同步与异步通信之间的另外一种共享。这种实时在线的状态，填补了我们在网络空间经常匿名生存的空虚之感。

许多人认为社交网络是人与人之间的一种新的交流方式；人们可以与住在同一楼层的邻居在社交网络而不是在电梯间里交流。

作者：让-保罗·拉弗朗斯（Jean-Paul Lafrance）[①]

---

① 让-保罗·拉弗朗斯，蒙特利尔魁北克大学传播系创始人及教授，并在该大学担任联合国教科文组织－贝尔（l'UNESCO-BELL）讲座教授，具体见 http：//unesco. bell. U9am. ca；同时他还创立了 HomoLudens 视频游戏社交性研究小组，并担任法国学术期刊《赫尔墨斯》（Hermès）编委。

适应互联网语言全球化的必要性[1]

在以英语为主导语言的信息通信技术（尤其是网络）全球化的初期，曾盛极一时的拉丁文走到了统治的末端。40年前，基于文本的计算机行业预示着具有表意功能的文本的消失。统一码标准（世界范围内统一使用4字节字符统一码）的普及给予了它们致命一击。涵盖世界范围内所有2字节（16比特）格式文本信息的基本多文种平面[2]迈出了统一全世界文本信息（特别是网络文本信息）格式的第一步。这类基本多语言面几乎涵盖了世界上的所有文字，而这当中的某些语言

---

[1] Henri Hudrisier,《Société de la connaissance, le paradigme de l'appropriation》, Hermès, n°45, 2006, p. 153.

[2] 基本多文种平面（Basic Multilingual Plane，BMP），或称第零平面（Plane 0），是 Unicode 中的一个编码区段。——译者注

是有其自身优势的：有一些信息历史悠久,[①] 有一些其功能与拉丁字母存在相似性,[②] 还有一些因使用人数之多而具有优势。

因此，在东亚和印度，以及某些仍受制于西方统治的国家中，信息通信产业工业化（尤其是语言工程产业）的发展呈现出强劲势头。尽管其经济与技术行业仍处于欠发达水平，但这些国家的语言与文化却被植入了更鲜明的特性。许多西方国家的语言与文化水平远没有其经济技术水平发达，这就导致了西方国家在信息通信技术领域发展的极端化。

向跨文化传播的变革

世界化水平越高，个人意识与归属感就会越多样且复杂。就比如一个摩洛哥人在摩洛哥、柏柏尔世界、阿拉伯世界、非洲以及法语世界都能

---

① 是指没有重音的拉丁文和后来欧洲语系中的拉丁文。
② 这种文字由左至右书写而成，能够由单独字母书写而成（阿拉伯文除外），存在一些不因单词位置变化而变化的字母，双音词与三音词存在最少的连接词与组合方式。

有一种宾至如归的感觉，这样一来，摩洛哥语与其兄弟语言（这里指远东地区的语言、东欧的语言、非洲的语言）就连为一体了。信息通信技术，尤其是20世纪70年代的信息产业的发展与这一时期文化和地缘政治的发展状况密不可分：几乎所有的电视节目都播放着时事，文本信息与拉丁文（有时是被严格要求不带重音的）垄断着信息产业（除非有特殊情况）。

如今，信息通信技术，特别是信息技术已经从根本上改变了其服务领域，随着个人表达的日趋多样化以及不同文化之间、不同群体之间、不同语言之间、不同学科之间、不同国家之间和不同专业领域之间的交流日趋增多，技术满足了越来越多的交流的需求。这种潜在交流能够发生的唯一条件是：我们希望该交流能够发生，并通过推动这些语义空间、网络、语言工程甚至排版工程的发展来积极地表达这种希望。

事实上，信息通信技术并不像有些人相信的那样是不可避免的，是不可控制且非人性化的。就像人们所知道的差异理论与吉尔伯特·西蒙顿（G. Simondon）的"差异"逻辑（1958）："人类的思想得以保留且与需求发生互动。"这种需求能够被表达出来而且满足了用户的现实需求。规范化是辩证地表达国家、公司和用户的需求及其特殊性的合法手段之一，是对具有代表性的相关行为者的双重统治以及在工业和科学上的尊重。

统观信息通信技术全局，电子化学习的规范化是具有战略性的。它涉及传播、相互兼容和可重复使用，不仅是资源，还涉及跨越边界、语言、文化甚至学科的软硬件基础设施。对于所有信息通信技术，尤其是服务于教育领域的信息通信技术来说，人人参与对于捍卫个人归属感是必不可少的。我们现在体会着文化与语言归属，未来可以有学术、科学甚至是职业归属。捍卫国家、企业以及兴趣群体（广告、媒介、航空、安全、军队、健康等）实际上是合法的。

与某些先入为主的想法（或广告宣传）相反，真正能够在信息和通信技术方面进行创新的不再是任何单个制造商。事实上，正是标准化机构（特别是 ISO，或 Web 技术领域的 W3C 标准）在过去三十年中逐步建立起一个多媒体世界，这个多媒体世界越来越具互操作性、越来越高效，并且在全球范围内相互联通，成本也逐年降低。

亚洲：语言和文化重新分配的决定性因素

众多因素促成了东亚和印度的腾飞，目前与欧洲和美国相比，东亚和印度在某些领域具有技术工业优势。而一家文化特立独行的企业与其区域的联系仍是需要我们注意的。我们这里把西方的资本主义发展模式也考虑在内，企业研发与国家规划之间的协同增效，有利于实现大规模公共货运的有序运行，也推动了内部消费市场的发展。最后，几乎所有西方人的语言都是晦涩难懂的，这就意味着虽然看起来亚洲可以从西方的所有科学或工业信息资源（以英语为载体的广泛的知识传播）中获利，但事实并非如此。

语言的特有属性在亚洲的计算机技术发展甚至是办公自动化技术发展中扮演着非常重要的角色。自计算机出现以来，全部的或部分的表意文字便一直面临着极端的技术困难。事实上，一般来说，写作、语言和知识的学习模式与表意特征密切相关，所以中国和日本原先出于不同原因设想过放弃表意文字，但这种想法现在已被明确放

适应互联网语言全球化的必要性

弃。文化整体性与表意文字的所指结构密不可分，这些表意文字形成了相互关联的子集，其中某250个重要的子集构成了5万个表意汉字与1.5万个日本汉字的基础。正是这些关键的子集组成了表意字典的主要内容。① 此外，按关键性分类的结果是，这些语言的字符通常等同于一个单词，以语义家族的形式出现在字典中（其实是按照字符的顺序）：在分支的作用下，我们能够发现植物学的完整面目，也能看到一些与之相关联的概念，比如农业类、细木类等。

这些语言的基本特性在于，它们能够表达出独立于言语产物之外的思维意义。这影响了语言领域，并且具有认知和历史影响力，相对于按照字母顺序排列的西方语言，这些影响力在绝大多数情况下都具备自己的优越性。

由语义而不是语音符号产生的优势，对书面语言的理解与语音形式的形成是没有影响的，汉字变体就是以相同的方式写成的。同样，在一些方言完全不同的语言区，这些语言还是以汉字写

---

① 人们按照图形复杂性的顺序进行排序，从那些由单一笔画组成的图形开始，到那些笔画数量较多的图形结束。

成,这些语言的书面表达是完全一致的。因其与字母书写方式的不一致,部分或所有的表意文字也需要获得办公自动化和计算方面的一系列具体发展。鉴于上述内容,日本人以及中国的香港人和台湾人,将是首批寻求开发与其文字书写特性兼容的计算机系统的群体。

日语计算机化发展实例

正是在此时,日本推出了它的双字节字符编码标准,这标志着基于文本计算的新一代技术的出现。目前的统一码和基本多语言面的知识就是建立在这个基础上的。在此背景下,十分有必要在16位而不是8位的组件链中解决完整的信息处理问题。

从文本到键盘输入是一个更复杂的问题,我们必须在这一点上区分汉字和日文。与完全表意的部分汉字相比,日文因其文字的特殊性(同时包括表意性和音节性)而具有优势,使用者能够较快理解日语文本。日本人从小学习如何书写51个假名(双平行音节:平假名和片假名),小学生

适应互联网语言全球化的必要性

必须最少掌握 1000 个日语字，中学毕业时，至少要有 2000 个字的储备量。① 这些日语字是日本的文字，这些文字从总体上对词语进行标注，而两个假名音标记其余部分（语法词、词类变换、不同形式的变位、外文语音文本、拟声词等）。对于日本人而言，要想用优雅的措辞写出好文章，就必须尽可能地用相关的汉字代替假名，因为尽管假名在理论上可以转录整个语言，但其措辞并不讲究。

这种写作方式的普及，实则提供了一种解决方法。日语键盘可有选择地（通过键盘操作）输入拉丁字母和假名。输入假名时，文字处理器将其转化为日语字。最终，人们创造出一种交互式非线性键盘输入模式，这种模式就好比人们今天用人工智能辅助输入短信。对人工智能技术的掌握以及发展使日本的复杂性语言工程过早地进入了工业化阶段：首先根据用户使用汉字的平均频率提出建议，然后根据上下文语义进行辅助输入。

---

① Sur le cas japonais, voir l'article de Nadine LUCAS, «Le Retour des idéogrammes», in ANDRÉ, J., HUDRISIER, H. (dir.), 2002.

中国的解决方案必然涉及汉字罗马化（拉丁化）转写标准。这个过程中的语言学习就略显生硬了。像日语那样，这不单单只与学习文字书写的过程相关。在这两种情况下，键盘文本的输入均有利于计算机辅助表意文字的获取，这些表意文字是根据上下文语义提供给作者的。[①] 需要注意的是在汉语、日语、韩语三种语言中，中国人与日本人所使用的表意文字标准化编码目录也被部分韩国人与越南人使用。中、日、韩三个国家的人使得万国码和基本多语言面更加标准化，从而形成了一个跨语言（限于词汇与写作）、互通的空间。

建立标准化机制的必要性

在二十世纪六七十年代的亚洲，通过开发基本技术组件来发展特定的语言和作品并非易事。

[①] 至少我们可以认为，我们处于允许自我接受表意文字目录的情况，但同时这种自动生产的字符使得书法实践在年轻一代中消失，这涉及手势记忆词汇训练。我们不能拥有一切，在拥有现代性带来的诸多好处时，势必要失去某些传统工艺。

主导着研究与世界市场的大型跨国公司并没有意识到问题所在：字符编码、特殊字符书写机制、键盘、打印机等。研究人员与厂家必须在全球计算机和电子研究界加入研究与开发之前独立完成研发工作。特别是他们必须发展一种非实体字母数字计算技术范式：开发 7 字节计算机语言，① 随后开发 8 字节（美国信息交换标准代码），② 之后发展至 16 字节、32 字节。

需要说明的是印度文学和诗意文化与高级数学密切相关（Ifrah，1994），二者都能够计算生物

---

① 一直到 2006 年，美国信息交换标准代码（1'ASCII）都涉及一个字节的固定字计算，但显而易见，今天万国码（unicode）、基本多语言面（BMP）和 4 字节标准正在引入可变字计算（如 UTF-8 和 UTF-16 两种编码标准）。[UTF-8 不是 Unicode 字符的唯一编码方法，还有 UTF-16。这些方法的不同之处在于它们存储字符所需的字节数不同。UTF-8 将字符编码为 1 个、2 个、3 个或 4 个字节的二进制字符串。UTF-16 将 Unicode 字符编码为 2 个或 4 个字节的字符串。——译者注]

② ISO646 标准，又名美国信息交换标准代码（ASCII），长期以来采用 7 位编码来表示不同的字符（包括数字、字母和一些特殊符号等）。该标准由美国的鲍勃·贝莫（Bob Bemer）于 1961 年发明，时至今日，ASCII 表仍然被广泛使用，尽管它通常由一个扩展表补充（以上内容来自维基百科）。我将在下文中进一步阐述这一特殊观点。

与神灵的年龄、高度与重量。这很自然地激发了许多印度人对抽象数学的兴趣，这无疑使他们加入了世界上最好的计算机科学家的队伍。今天，印度正在成为信息与通信技术领域的一流强国。

非西方文化的地位

在欧洲、北美与亚洲形成的新的双极化的世界中，其他非西方文化扮演怎样的角色呢？这一问题是很难回答的，但是笔者认为其他文化领域的相对繁荣将同其寻求与亚洲的工业合作、投资的意识和投资能力密切相关。

客观地讲，在多语言世界化的过程中，表意语言学领域在概念交流和信息表达方面具有不可否认的语义优势。通过简单化，人们可以说一个必要的想法或者概念。在人际交往中，需要在字母语言中附加额外的语音编码和解码环节，而这些环节使交流过程变得更为复杂。正是这些语义优势，使得表意领域已经开始将这些优势与人工智能、电脑辅助性翻译、程序设计、语言工程联合起来,从而使交互界面更简洁、功能键更紧凑。①

除此之外,该技术也在经历一个新的变化:与手机终端融合形成一个可以支持各种类型媒介的平台,如电视、摄像头、照相设备、掌上电脑和便携式电脑、视听播放器、支付终端、人体测量识别设备,当然还有(用于家庭自动化和高保真或视频系统的)通用遥控器。不仅如此,世界上人口最密集的区域也从计算到移动电话的这种变化中受益,比如:东亚(包括人口密集的中国)和印度。在这样的人口稠密区,可以采取哪些具体手段以便从这种地域、语言和文化上的重新部署中获益呢?

我仅对教育通信信息技术进行分析,因为大家都知道只有在蓬勃发展的通信信息技术领域和教育领域取得实质性进展,数字分化问题才能真正得以解决。

---

① 1个表意文字相当于1个菜单行。

教育领域中的通信信息技术实例

教育通信信息技术是教育市场长时间占主导地位的产物。这就意味着，相对于其他媒介（视频、文字处理系统等），教育通信信息技术仍处在一个被广泛定义的阶段。而要对其进行定义，需要审视以下三个因素。

第一，沟通和信息的规范对于这种不可或缺的多样性可能是包容的，但是从可能性到付诸实践的过程中，首先需要意识到合理分配和行为者积极参与这二者的必要性。我们必须首先说服人们，信息和通信技术的非规范性演变是其全球互联的一种"幼稚病"（这是一个技术文化调整问题，以适应网络化信息与通信技术系统的新范式）。这种适配性是从意大利文艺复兴的数字化演变而来的。①

---

① 我们认为，这种数字区域中独特性的重组、城市与文化多样性中形成的单一视野，可与意大利文艺复兴过程中团结的概念相提并论。

第二，为了让社会广泛认识到整合语义技术的连续性，信息和通信技术融入了文化和语言的多元性，要实现此种目的，显然不能仅仅依靠哲学家和知识分子的进步。社会意识只能通过资源本身、结构和环境方面采取自愿的方式形成。因其对资源的构建强调了多样性中的规范结构和对环境的需要，所以这种做法必须是辩证的。

第三，在全球市场上丧失所有权的大型跨国公司没有文化或语言的载体。这些企业对结构和内容进行开发，并在任何可能的市场上进行销售。但他们只会冒险进入已经相对发达的文化和语言领域内部（特别是在机制与技术上相对发达的文化语言领域）。这意味着要对这项教育活动进行推广，社会各阶层就要展开对这些新范式的宣传和教育。

因此这并不是亟待适配调整的唯一自由发展市场。很显然，在遵循网络运行模式、司法与体制性定义的基础上，专业人员需要介入文化和教育领域，使规则免受大众与文化特性的影响。同时，专业人员也可以利用一系列监管机制来保护各地文化的多样性。困难就在于，实施标准化电子商务和电子交流的最主要的专业知识目前掌握在想要以最质朴的方式进行部署的人手中。

目前主导信息通信市场（如今主导视听，今后将会主导市场化电子教育）的国家当然反对制定相关的文化交流条例。它们为世界各地的精英提供大规模的免费培训，当然，这些精英也将按照自身对世界的独特看法接受培训。因此重要的是，只要有教育和学术上的替代空间，这种培训就会在尽可能多的文化联盟中展开，当然也包括与那些仅有单一视角的行为主体形成合力。

教育技术的标准化

如何通过标准化来捍卫教育公益？如何自由地获得基本资源？如何保护文化、语言、学科或专业特色？

标准化是实现这些目标的唯一可行办法，我们并不对此作出假设，因为这种假设是不合理的。不可否认，常规化和标准化已经成为互动性和多媒体融合以及通信信息技术网络背后的吸引力和动力。它们提供了一个通信信息技术成本呈指数级下降的平台，同时也将工业中的研发业务集中

适应互联网语言全球化的必要性

起来，为集中创新开发创造了空间，使企业和机构获得了交互平台或网络的创新发展，也使得市场竞争更加激烈。

在这种情况下，适应成为标准化的上游企业具有战略高度的选择。在全球范围内，传播通信信息技术，更确切地说是传播教育通信信息技术成为一种博弈。相关行为主体知道如何参与，肯定其语言或学科的重要性和实力，并能够展示做出某种选择之后所取得的初步成果。①

值得注意的是，许多发展中国家并不总是有投资通信信息技术标准化各个方面的途径。它们的标准化机构主要投资卫生、运输、农业、矿产品等，且往往缺乏投资通信信息技术的资源。这就是法语区团结的意义所在——随着亚洲国家的兴起，法语区要考虑到南方国家特别是非洲国家

---

① 在一个标准化委员会中，影响力并非通过制造产品来获得。生产一件产品或提供一项服务不是标准化机构的职责所在。这就意味着留给每个参与者的创业自由会被收回，他们聚在一起只是为了对使其相互竞争又彼此沟通的共存条件做出定义（比如标准化的互动性）。然而，为了打造一个建立规范并将实现互动性的共同路线图，往往有必要对其进行测试，并在不完善性方面展示初步结果，这通常可以作为开发未来标准的基础。

的语言和文化特点,基于此提出教育通信信息技术的新的标准。

作者:亨利·伍德里希尔(Henri Hudrisier)①

参考文献:

ANDRÉ, J., HUDRISIER, H. (dir.), *Unicode, écriture du Monde*?, vol. 6, n° 3-4, Paris, Hermès-Lavoisier, 2002 [coll. Document numérique].

HUDRISIER, H., *Tableaux comparatifs des instances de normalisation des TIC en Francophonie*, note interne, AUF, 2005.

IFRAH, G., *Histoire universelle des chiffres : l'intelligence des hommes racontée par les nombres et le calcul*, tome 1, Paris, Robert Laffont, 1994.

SIMONDON, G., *Du mode d'existence des objets techniques*, Paris, Aubier, 1958.

---

① 亨利·伍德里希尔,巴黎八大助理教授,Paragraphe 实验室研究员,巴黎北部人类科学研究所数字出版评估与开发实验室研究员。他同时也是主题网络 AUF 的 RES@TICE 成员,国际标准化组织中负责电子学习标准的专家,法语计算机专家协会副主席。

在线获取知识的工具：规则

规范知识媒体的数字格式如今成为全球推进教育和文化交流的方向。这样的发展趋势带来的积极影响是，确定知识传播和建构的各种概念，促进教育和文化领域与技术信息产业的持久对话，使发展朝着更和谐的方向迈进。各种文本形式迥异，正式一点儿的有课程、纪录片数据库、科学期刊、教育和科学多媒体书籍、电子图书馆；非正式的有个人网站、聊天工具、博客和维基百科，（它们）"导致'我'将它们重新分在了在线通用术语范畴之内"（Perriault，2002）。目前社会和技术发展使得我们有可能预见这种知识条件的正常化对打击不平等现象至关重要。

合理制定规范和标准既有困难，也能带来益处，这主要体现在技术发展速度和过时性干扰了教育和文化系统，在不能经常更新电信设备或维护设备的国家尤其如此。互联网在过去十年左右的演变使世界陷入了一个未知的局面，到目前为止，地球上已经有多少文件和通信系统，很快就可能会有相当数量的数字图书馆，如法国图书馆、谷歌和雅虎项目。

发展从未停下脚步，在此期间公告效应与有效创新相互渗透，需要我们时刻保持警惕，并且引发了关于如何确保知识在社会正义和互惠条件获得最佳效果的条件下进行传播的争论。通过观察年轻一代的数字化实践（如网络联合供稿、社交网络），我们得到了基于用户主动获取知识的新方式。

总体情况

文献推广者一直是网络知识的先驱。他们需要标准化的专栏（元数据）对文件进行分类。他们的工作来源于"都柏林核心标准"，其已用于纪录片编码并得到广泛使用。在此之后，本着同样的目的，许多国家和国际机构十多年来（1994年至 2006 年——译者注）一直致力于制定线上学习的标准和草案。电气电子工程研究所（IEEE）提出 5 项建议，包括设立线路测试与服务标准（LTSC）、服务于美国军队、创新可共享内容对象参考模型（SCORM）、服务于航空领域以及设立航空工业计算机培训委员会（L'AISC）。共享内容对象参考模型和学习对象元数据（LOM）是在学习资源元数据标准化问世之前的统一标准。但仅仅就标准达成一致还不足以让学术界掌握这些标准以及加快在线学习的使用。针对这一棘手问题，我们提出如下解决方案。

——在线培训市场不是大众市场，不像视频游戏那样。教育的地方主义在任何地方都有很旺盛的生命力。

——越来越多的公司和组织正在建立自己的在线服务中心。前提是外部供应在被内化。

——在线培训通常比包括培训师在内的混合过程（比如持续性培训）效果更显著。如今，夸张地说，初步培训可以远距离进行。讲师的存在以及与他同步、频繁的对话总是很关键的。

——比起内容，交流的可能性似乎更多地涉及课程支持平台。在这种情况下，标准化计划将不得不更多地关注平台问题。自由软件平台（比如 Ganesha、Moodle 等）的出现以及它们所获得的成功使得人们在这个问题上的反思迫在眉睫。

——许多国际组织、政府组织（全球电信联合会、欧洲标准委员会）和非政府组织（国际标准组织）都在处理这些问题。它们之间的合作有待完善。

——最后，所有的大陆都缺乏这些工程，特别是非洲、南美洲和中亚。为了提高和改善标准化活动，有必要斟酌其背景并仔细研究掌握信息通信技术需要具备哪些认知能力。

大环境的快速演变

这里要提及三个重要因素。

——新兴力量的出现

中国、日本、韩国、俄罗斯、印度。其中中国、日本和韩国现在积极地参与国际标准化组织内的讨论。[①] 围绕这些平台正在形成各种联合体。

---

① 详见 http://jtclsc36.Org/index.html＃＃＿top。

网络城（Web City）汇集了约 1800 个网站。IMS 全球学习联盟围绕快速学习领域聚集了众多诸如此类的联合体，微软及 Macromedia 等也是同样的做法。

——新经济局势

经济的结构性危机、流行病风险通过不断密切的关系给予了数字网络新的使用机会。这种可能性并不会减弱远程教育的纯粹性和简单性。更复杂的是，它们结合了地方发展、财富生产、培训和信息这些因素，就像这十年来意大利、瑞士重振封闭的山谷一样（Schuerch，2004）。这需要一种结合培训、工作和创新的新方法。标准化属于连接这些活动的计算机应用程序。

——技术的未知性

技术的未知性主要在基础设施层面。20 世纪 90 年代以来，放松对行政模式的管理导致了承包商（法国电信、BT）和设计师之间的激烈竞争。2003 年的主要失败（*Global crossing*，*Worldcom*）使得世界各地的数字基础设施的未来成为悬念。全球互联网流量地图就是有力证明。另外，关于互联网名称与数字地址分配机构主导网络的持续性争论以及一些国家的限制性政策不允许我们回避对于数字网络分裂的假设。

通信信息技术和社会认知分化

标准化的活动也意味着我们要对掌握软硬件的要求和所需的技能进行思考。这就是社会认知分化的由来。这种分化迫使我们正视一切涉及标准化的活动。因此，通信信息技术的使用需要三个具体的个人能力。

——信息平行处理

任何一个线上信息设备都具备用户所必需的四个信息处理层。

第一层是机器（键盘、屏幕、电源、外围设备）；第二层是操作系统，我们通过观察发现，受过简单互联网培训的人仍然对于关闭机器要按"启动键"感到惊讶；第三层是电信接口，这意味着要更新杀毒软件、防火墙以及在服务器发生故障时我们需要有耐心；第四层是应用软件。使用一个软件时已经调动了之前的三个处理层，并且中断经常发生在内部（操作失误、系统故障、病毒、链接故障、软件程序设计错误）或外部（停电、USB丢失、CD播放器故障等）的一个或多个层中。而学习型软件需要用户注意力的高度集中，用户需具备抗干扰能力或者能够在被干扰之后重新完成任务。

这些不断变化的技术是基于未知的概念的，可以被归入信息处理的通用术语。无论是否有机器，在学校学习语言、程序和算法都将为目前缺乏的科技文化打下基础。而这对于了解数字应用和评估是必要的。

——归纳推理

我们的教育体制中鲜有针对推理思维的训练，而通信信息技术却不断锻炼人们的推理能力：找到故障或功能紊乱的地方；创建软件使用规则，领会上网步骤。市场上的电子游戏暂时弥补了教育体制在这一点上的缺陷。原因在于如果没有强大的推理能力的指引，玩家是无法玩游戏的。

——硬件和软件维护

电脑的日常维护会占用私人时间，特别是当设备功能与所需技能之间存在显著差距时。因此当软件出现轻微故障时，人人都应掌握修复技能。对此问题进行标准化改革对通信信息技术的战略性发展尤为重要。

标准化范畴

通信信息技术是存在于一种文化、一个社会或一个组织之中的。为了进行自我反思，为了保持良好的精神状态和提升自我能力，这种技术越来越多地出现在决策者、教育者和管理者之间的协商过程中。而这有利于新学习模式的产生和新教育机构的组建。在此过程中，标准化是基石。

政策的标准化应切实可行，不宜好高骛远。必须考虑到国家和大陆之间的物质差距，不会因不断提出新标准草案而导致不必要的紧张局势。这就需要考虑下文所提及的前提条件。

前提条件

每一种知识、每一种教育、每一种数据库，不管其是否存在于网络中，基本都是建立在一种文化之上，建立在一种或多种科学理论之上，建立在一种用户认知社会理论之上，建立在所采用的技术类型之上。此外,自然灾害与社会其他风险造就了我们所处的现实环境,所以人们对有可能破坏或摧毁现有环境的突发性灾害的担忧也就成了人之常情,因此人们应该提前想好补救措施。这就是必须在发布在网上的数据前面加上准确的背景说明的原因。

文化前提

文化多样性使得知识传播与建构不尽相同,当今社会已不再是以西方为主导的社会。即使同在西方,人们的观念也不尽相同。盎格鲁-撒克逊人喜欢多选题这种思辨模式,而拉丁人并不如此。在魁北克、英国、法国这三个不同的地方,"监护制"这一概念就有完全不同的含义。"虚拟社会"的概念在一个具有政治性质的国家中象征着"共同的福祉",而在法国大革命期间,沙普利耶国王禁止使用这个概念。在日本文化中存在一种主动的推理方式,它是带有暴力性的,而且这种思维方式并不是单纯的西方思维方式的附属品。

此外,我们需要对信息和通信技术对心态的

影响进行国际层面上的反思,重点是将程序的概念视作一个可以进行操作的有序列表。学生们在对文化与技术进行带有批判性的学习时忽略了对通信信息技术的学习,以致其想不到通过搜索引擎查找－复制－粘贴就可以完成一篇文章的撰写。一篇由简单的应用程序生成的文章同样会缺少思想深度。而标准化就是要让每一篇文章都设置一系列表达文化特性以及潜在文化特性的索引。

科学前提

自从大约五十年前程序化教学开始以来,我们从未成功地让进行教材开发或远程学习的作者展示他们为开发这些课程所采用的科学理论。因此人们经常提出如下疑问:我是否用光波理论和红细胞理论进行物理学课程的学习?我是否用人体血液的基本功能是运送氧气以及促进血红蛋白的合成理论来进行血液学的学习?以上问题都是我在工作过程中产生的,但我所接触的人往往未能回答这些问题。

对于那些想要找到与其理论完全契合的课程

的老师来说，这还是相当有难度的。在远程教育中，如果在同一个阶段出现了两门完全由两个不同科学理论支撑的课程的话，除非这两种理论简单易懂，否则就是难上加难。学生们都晕头转向了，因为线上教育的效果是被放大了的。此外，在进行线上授课之前，还需要对相关科学理论进行解读。这种解读应包含对结果的分析或者对分析窍门的介绍。举个例子，在一门关于细胞生理学的课程中，需向学生们明确指出是只关注经典的可观察元素（细胞核、血浆、线粒体等），还是继续分析其钠离子成分（细胞核、DNA）。

认知社会前提

在这些前提中，认识社会范式应该是最具特殊性的。现在有四个基本要素：第一个是"行为主义"，指采用刺激—反应—强化的模式对行为变化进行观察。在学习者自动进入此课题之前，行为学习者一直都在重复一种新的模式。第二个是"认知主义"，认知主义关注支配行为的思维过程。我们观察到的行为变化被视为学习者头脑中正在发生的事情的指标。第三个是"建构主义",其前提是我们通过个人经验和模式来构建自己的世界。学习者要在模糊不清的环境中解决问题。

线上课程的设计者认为,对学习者成绩的评估其实不难实现。在标准化范畴内,设计者倾向于放弃结构主义,然而在未来技术的模拟与问题解决层面还需要这种方法。最后,第四个范式,像阿尔伯特·班杜拉(Albert Bandura)已经在他的《自效率》(2002)一书中介绍过的一样,是前三种范式的融合体,而且这种方法考虑到了学习环境的多样性,此外我们还应指出哪些认知功能是我们最需要的,包括推理、归纳、平行信息管理、元认知、反思等。

技术前提

部分技术前提通过管理线上知识的平台指令得以实现。在电信网络出现区域性恶化的情况下,电信传输的地理条件也应根据覆盖区域进行规定。

伴随着语义网络的出现,人们选择了一些软

件，通过这些软件来发掘网络所包含的资源，技术应用也相应地发生了巨大的变化。用户会提出这样的问题：我正在寻找硕士阶段关于化妆品培训的参考书目以及一两本著作。通过调查给出的回答将集中于一些与今天的在线学习、自动文档和数字图书馆有关的数据。这些从根本上发生的转变将产生一些不可忽视的后果。

——出版者也将加入保证出版物质量、更新数据流的行列中来。

——形成网关，协调特定的用于这些不同领域的元数据集。

——形成包括利益集团在内的标准化委员会等专门机构。

——这些预先假定不可避免。原因在于每一项请求都涉及文化因素、参考性科学理论和社会认知范例。这样看来，语义网络作为工具出现促进了数字化网络中文化多样性的繁荣。

——在此操作步骤下，协同操作在所难免。格式的公开需要商业或者非商业系统的开放。

不确定性前提

截至目前,任何信息系统都应将业务连续性功能纳入考虑范围之内,以便在无组织(例如电脑瘟疫)的环境中发挥作用。在 2005 年 4 月的新加坡会议之后,国际标准化组织在联合技术委员会内部开展了对"信息和通信技术灾难恢复服务指南"的思考。13 个国家加入了此次活动:澳大利亚、比利时、巴西、加拿大、中国、法国、日本、韩国、马来西亚、新加坡、瑞士、英国和美国。法国标准化协会开启了"点对点"时代。

总之,要规范线上知识获得途径中的文件管理系统。现在让我们来到规范化的主旋律。

基本行为准则

上述分析为我们提供了解决在专家团体与国家之间的关系中标准化活动遇到的主要问题的各种途径,以及将社会目标设定为标准化目的方面所遇到的主要问题及解决方法。

专家团体与国家之间的关系

近些年，大量文件显示数字化方法的标准化工程有悖于规则制度，甚至有悖于国家或者欧盟颁布的司法准则。个人数字标识符标准草案和个人能力在线验证项目就是这种情况。数字化技术和软件的日益完善已经使标准化产生了质的飞跃。与仅考虑注意力、疲劳和节奏的机械不同，计算机对个人智力和智力敏捷性都很敏感。

建立学习领域的标准一方面涉及对个人身份的保护和个人自由的问题，另一方面也与劳动法息息相关。当然，标准化工作的成功离不开以下条件。

——标准化领域、国家与区域性组织之间的联系应更加明晰。

——通过财政扶持的方式让更多国家和区域性组织（比如 Alena 和 Cono Sur 等）加入国际协商的队伍中来。人们可能会有一个疑问：世界贸易组织还会在标准化工作中发挥作用吗？因为所有的国家都成了世界贸易组织中的一员；线上知识的商业化难题将得到妥善解决。

——加强相关国际组织之间的合作，以形成更和谐的标准集合。法语大学联盟（ÁUF）可以合并某些工作，并将其传达给这些组织，特别是国际标准化组织的下属机构。国际标准化组织开始为西非本土语言制定标准。

将社会目标看作标准化的目标

经过校准的标准化应该能够更好地利用数字技术来弥补当今世界遇到的严重问题：贫困、疾病、自然灾害等。而这些问题的解决尤为需要线上知识。将社会目标与IT政策明确地联系起来，可以使IT政策更具意义。标准化是在考虑到用途、实践和人们面临的真正问题的情况下进行的。

考虑到这一点，可以采取更有意义的举措，包括制定一项标准，将此类在线知识标记为"国际在线公共产品"。笔者从约瑟夫·斯蒂格利茨（Joseph Stiglitz，曾获得诺贝尔奖）那里引入"国际在线公共产品"概念，约瑟夫·斯蒂格利茨将"国际在线公共产品"的概念也运用到了空气和水资源方面（Stiglitz，2002；Aigrain，2005）。在这种情况下，声明人、公共机构或私人机构将承诺确保"国际在线公共产品"对任何人都不具有约束力，并且免费对所有人开放；通过对相关地理区域基础设施的维护，确保其可移植性和通过电信网络进行更新的能力。这将有助于让在线知识市场更加透明，并为一些条件较差地区人口的可持续发展提供重要的人道主义援助。最后，在大多数国家，公众舆论、媒体、政党和道德运动都没有意识到标准化的重要性，而标准化是发展和消除不平等所必需的知识数字流通的重要组成部分。这是一个应该通过民主辩论来推动的社会问题，而民主辩论还有待建立。

结　论

标准化已经完成，却也是另一种开始。多方面的在线知识已经与其可以帮助解决的社会问题建立联系。然而放眼未来，仍需要新的参数：确定更有发展前景的主体工程；线上知识请求的复杂性不断增强,然而语义网络的出现为用户提供了更为周到的服务;许多国家都加入了国际化工程;要加强标准化机构、公共机构和行业之间的联系。难道被普及的互动性过程不能通过系统和格式的放开以及国际公益标签的制定等措施得到加强?

作者:雅克·贝里奥(Jacques Perriault)①

参考文献:

ALGRAIN, P., *Cause commune : l'information comme bien commun et propriété*, Paris, Fayard, Transversales, 2005.

BANDURA, A., *L'Auto-efficacité : psychologie scientifique et développement personnel*, Bruxelles, De Boeck-Wesmael, 2002.

PERRIAULT, J., *L'accès au savoir en ligne*, Paris, Éditions Odile Jacob, 2002.

SCHUERCH, D., *Économie de la présence subjective dans des contextes de développement régional*, Thèse de doctorat en Sciences de l'information et de la communica-

---

① 雅克·贝里奥,巴黎第十大学信息与通信专业荣誉教授。他侧重于研究用于获取知识和进行本地发展的数字通信系统。

tion, Université Paris X, Nanterre, 2004.

STIGLITZ, J. E., *La grande désillusion*, Paris, Fayard, 2002.

传播社会而非信息社会[1]

五年来，传播方式发生了翻天覆地的变化。首先是通信技术的改变：电话、无线广播、电视、电脑以及网络都成功转型。伴随着文化与传媒产业的繁荣，经济全球化势头显著，各类消息泥沙俱下。个人自由的膨胀、社会关系的转型，这些变化如同出行方式的多样化一样，从根本上改变了个人、社会、文化三者之间的关系。信息与知识容量大幅增长，传播与互动能力显著提升。

尽管文化与社会不平等现象越来越多，尽管工业发达国家与欠发达国家的差距日益扩大，但值得肯定的是，近半个世纪以来，传播与信息领

---

[1] Dominique Wolton,《Le moment de la communication-Avant-propos》, Hermès, n°38, 2004, p. 9.

域的变革仍然是最突出的。图像、音乐的发展，信息的世界化，文化产业与信息系统不断发展壮大，这些都是最好的证明。信息社会已成为2003年12月世界峰会的热点议题。从20世纪60年代的"地球村"到21世纪00年代的"网络社会"，传播已经成为技术、经济和文化领域变革的核心所在。

逃脱传播工具的魔法

值得一提的是，近半个世纪以来，经济与传播技术的差异、知识研究与教育的差异已经形成。社会生活中，传播手段发展迅猛，然而人们对于知识的需求依然停滞不前。作为现代化的标志，传播的发展并没有激化这样那样的矛盾，而经济技术的发展却引发了诸如文化不认同、领土收复主义以及暴力冲突等矛盾。人们过去依赖传播工具。技术与市场的不断发展，加剧了支持改革与反对改革的两大阵营之间的对立。2000年至2003年互联网投机泡沫的出现与破灭，可能是第一个促使我们对其保持距离的事件。

我们正处于传播爆发式发展的时代。来自不同背景，热衷于研究这一全新、复杂、跨学科领域的学者和研究员为了让人们认识到这一领域的重要性而不懈努力。现在他们已经做到了。其他更经典的学科，经常被传播的爆炸式发展颠覆，还没有勾勒出世界的表征中的这种逆转的理论、认识论和方法论后果。因为传播并不仅仅限于工具的性能，也不局限于新用途或者市场的出现。从社会层面与文化层面上讲，通信是一种实体，是人类与社会之间相互联系的一种方式。

回顾传播的变革过程，媒介和网络仅仅是可见的冰山一角罢了。其核心还是文化和社会秩序：传播首先指的是人们和社会对其身份与关系模式的表征。近半个世纪以来，我们经历了一场传播的变革，它最终被学界认可。尽管如此，技术、经济、社会的变革与对此的分析研究二者之间仍然存在巨大的差异。正如我在前文中所提到的，半个世纪以来，创新层出不穷、引人入胜，但精英阶层与知识界并没有给予其足够的重视。人们对工具及其用途的兴趣多于对信息、文化、通信、社会和政策这几方面关系的思考。毫无疑问，与文化产业和传播全球化相关的矛盾将成为人们创新意识的加速器。

继 20 世纪 60 年代语言革命浪潮之后又一次掀起了"传播浪潮",15 年来,《赫尔墨斯》和其他杂志、法国的大学、法国国家科学研究院以及世界其他地方都在努力彰显此次浪潮中的社会文化以及科学挑战的重要性。从技术设备及其用途进行考量,大部分的社会科学和其他许多学科都因被用来分析不断变化的深度和多样性而变得大受欢迎。传播学是科学和知识领域的组成部分,它是前所未有但是包罗万象的一门学科,虽然跨学科,但同时也需要一些传统学科的支撑。一个跨学科的学科是绝不会自成体系的,科学的历史不会只建立在科学之上。

迈过所有简化论

关于知识观最重要的问题是什么?在未来几年,是否还会存在一个介于技法与市场发展之间的领域?在这个领域中,人们可以进行研究、学习学术知识,大学不限专业,可以创造一个起源于方法论与新科学知识的跨学科门类。

这是避免信息与传播合理化和完全工具化的关键一步。合理化并不是人类与社会传播走了无数条弯路之后的结果，它给人们制造了一种可以借助它来解决现存复杂问题的假象：怎样与别人建立联系？如何告诉对方一些事情并能够被倾听？谈话双方如何能够对彼此讲述的事情感兴趣并互相理解与彼此尊重？得益于传播，我们探寻到了人类社会文化关系的本质，正因如此，传播的技术化将面临更加严峻的挑战。随着技术的世界化与技法的不断完善，传播所涉及的范围越大，其合理化的可能性就越高。每个传播活动内在的复杂性加剧了传播向技术与市场转化的趋势。就好像人们之间没有实现互相倾听、互相理解、互相包容，若通过媒介与工具，这将变得越来越复杂。

现实中，一考虑到传播，就要承认迈过两种简化论的必要性：最显而易见的是其离不开技术与技法；其次，从认知科学的角度出发，找寻人与人之间相互理解的科学的关键所在。说到传播，毫无疑问是建立在认知科学与技术之上的，但也要认识到其特殊性，就是存在于个体之外的现实以及与文化社会必不可分的经验。传播即意味着走出自我，并承担他者的风险。

传播社会而非信息社会

对传播的思考

想到传播,就要承认它涉及知识的多元性和人类社会的现实——不存在没有传播行为的传播。相异性与非传播性存在于传播的各个范畴。传播不仅使我们所处的社会和人类的每一次经验(承诺、技术成就、限制)得以彰显,也使民主文化范畴中的矛盾暴露出来。相异性问题,涉及传播的各个维度,同样也是所有民主社会所面临的挑战。这就是我们要找到一个介于经济与技术之间的新的无可替代的领域的原因。人类对于社会传播的理解经历了科学、理智和特定的努力,而不仅仅是通过模型和对于工具的使用实现的。

传播或许是知识和现实世界的一部分。通过传播,我们能直截了当地理解联系的必要性以及认知、工具和经验三者之间的间断性。传播存在于知识与技术之间,存在于人类与社会之间,存在于文化与政治之间。传播,往往是复杂的,这就要求所有新旧科学与知识共同发挥作用。最后,传播总是涉及自由和对他者的承认。正因如此,它与民主密不可分。

作者：多米尼克·吴尔敦（Dominique Wolton）[①]

参考文献节选：

ALGRAIN, P., *Cause commune : l'information comme bien commun et propriété*, Paris, Fayard, Transversales, 2005.

AMBROSI, A., PEUGEOT, V. et PIMIENTA, D., *Enjeux de mots : regards multiculturels sur les sociétés de l'information*, C & F édition, 2005.

ARROW, K., *Théorie de l'information et des organisations*, Paris, Dunod, 2003.

BELL, D., *Vers la société postindustrielle*, Paris, Robert Laffont, 1976.

BROUSSEAU, E., CURIEN, N., *Internet and Digital Economics*, Cambridge University Press, Cambridge, 2007.

CASTELLS, M., *L'ère de l'information*, Vol 1 : *La société en réseaux*, vol 2 : *Le pouvoir de l'identité*, vol 3 : *Fin de Millénaire*, Paris, Fayard, 1998-1999.

---

① 多米尼克·吴尔敦，法国国家科学研究中心（CNRS）传播研究分院院长兼法国传播学核心期刊《赫尔墨斯》总编辑。

CNIS, *Rapport du groupe de travail du CNIS (Conseil National de l' Information Statisitique) sur l' observation statistique du développement des TIC et de leur impact sur l' économie*, Documentation Française, Paris, 2000.

GHERNAOUTI-HÉLIE, S., DUFOUR, A., *De l' ordinateur à la société de l' information*, Que sais-je ? n° 3541, Paris, PUF, 1999.

LAFRANCE, J. -P., *La télévision à l' ère d' Internet*, Québec, Septentrion, 2009.

PERRIAULT, J., *L' accès au savoir en ligen*, Paris, Éditions Odile Jacob, 2002.

SIMONDON, G., *Du mode d' existence des objets techniques*, Paris, Aubier, 1958.

SI MOUSSA, A., *Internet à l' école : usages et enjeux*, Paris, l' Harmattan, 2000.

STIGLITZ, J. E., *La grande désillusion*, Paris, Fayard, 2002.

TAPSCOTT, D., *Growing up Digital : the Rise of the Net Generation*, New York, Mac Graw-Hill, 1998.

WOLTON, D., *Internet et après ?*, Paris, Flammarion, 1999.

WOLTON, D., *Informer n' est pas communiquer*, Paris, CNRS Édition, 2009.

术　语

此词汇表中的词在文中以 * 标注。

Broadcasting：英语词，可以翻译为电视广播（广播、电视一类的大众媒体）；le narrowcasting：窄播，指针对有限受众的专题频道，比如目前在有线电视或卫星网络上可以看到的大量专题频道；l'egocasting：自播，特指像博客这样的专属私人媒介。

Communication synchrone/asynchrone：同步／异步通信。同步通信是指电话通信这样的及时通信，而异步通信则是指邮件这样的延时通信。短信因其简洁的特性更适用于手机屏幕，是未来的通信工具。

Ecocasting：参照 Broadcasting。

Epirique：经验论，只基于经验，是指一种获取知识的方式方法。

Epistémologie：认识论，对于自然、方法以及科学概念的思考。

G7：由世界上最发达的 7 个工业化国家组成的七国集团，后来因中国加入成为 G8，如今发展为 20 国集团 G20，这些国家都经历了工业化发展。

GKP：全球知识伙伴关系。

Globalisation：全球化，这一概念是在世界化（mondialisation）之后出现的。狭义上指世界各国之间在经济、金融方面存在着越来越紧密的相互依存关系。广义上指将地方体系，特别是政治和经济体系转变为国际体系的所有过程。在此过程中产生了全球范围内的互动，并且各地的系统是相互依存的。

Idiosyncrasique：特异反应性，是指一件事物或者一个人的特异性。特异功能是指每个人所特有的一系列特点和性格特征。

Interopérabilité：互通性，是指一种产品或者一种系统，在允许无限制进入或无限制使用的情况下，拥有的与其他同时存在的产品或系统同时运作的能力。

UIT：国际电信联盟。

Mondialisation：是指在世界范围内国家与国家之间相互依存关系的发展。这一现象涉及许多领域，但特指经济领域中在市场与传播中国家间的相互依存关系。可以说，20世纪末随着全球化概念（Globalisation）的普及，全球化与世界化二者相辅相成。

Narrowcasting：详见 broadcasting。

OCDE：世界经济合作与发展组织，简称世界经合组织。

Paradigme：范式、范例，特指在库恩的科学社区内给定时间里的主导理论概念，基于可解释的样本与待发现事实样本。

SMSI：信息社会世界峰会。首次峰会以两阶段的方式举行，于2003年在瑞士日内瓦举行了第一阶段峰会，于2005年在突尼斯举行了第二阶段峰会。其间与会者就互联网治理、信息社会、信息技术全球化发展以及经济发展与信息传播进行了讨论，并对以上问题提出了建议、拟定了协议。

Société de la connaissance：认知社会。我们只能对此概念给出一个全局性的、有限的定义。若就其核心概念进行翻译，是指工业、科学、媒体、技术人员、组织机构创造知识并在社会中传播，同时也包括使知识得以传播流通的技术、支持与工具，以及在经济、社会、地方与世界范围内，公共群体与信息技能之间的比例关系。

UMTS：通用移动通信系统。

Unesco：联合国教科文组织，成立于1945年11月16日。